AF387599

Gedanken sind wie Steine,
die aufgehoben,
mit Gefühl betrachtet,
dann ins Wasser des Lebens
geworfen werden,
wo sie als Worte und Taten
Kreise ziehen.

Burkhard Budde

Burkhard Budde

_Er_kennen, _an_erkennen, _be_kennen

Gedanken aus dem Leben
zum Denken und Handeln

1. Auflage September 2018
© 2018 Burkhard Budde

Fotos: Burkhard Budde

Herstellung und Verlag: BoD – Books on Demand, Norderstedt

ISBN: 978-3-744-88537-9

Inhalt

Licht

Strahlen der Liebe

Ein Licht erhellt die Finsternis,
damit die Vernunft vernünftig bleibt.

Ein Licht erwärmt die Finsternis,
damit der Mensch menschlich bleibt.

Ein Licht erneuert die Finsternis,
damit das Mögliche möglich bleibt.

Ein Licht bekämpft die Finsternis,
damit das Nötige notwendig bleibt.

Ein Licht befreit die Finsternis,
damit die Freiheit frei bleibt.

Wo findet man dieses Licht,
das der Macht der Finsternis widersteht,
sich nicht von ihrem Glanz verführen lässt,
ihr Blendwerk entlarvt?

Das Licht selbst ist Ursprung und Ziel allen Lebens,
seine Strahlen der Liebe sind schöpferisch,
in aller Vergänglichkeit unvergänglich,
ein nachhaltiges, weil göttliches Leuchten.

Und es erleuchtet ein liebendes Leben,
schenkt individuelles Glück.

Zeit

Im Laufrad des Lebens

Auch ein Hamster im Laufrad leistet etwas.
Gleichzeitig sein Smartphone zu benutzen, eine Zigarette
zu rauchen und einen Kinderwagen zu schieben, bedarf
einer flinken Akrobatik. Sich im Alltags- und Berufsleben
abzustrampeln und immer besser sowie erfolgreicher zu
werden, geht nicht im Schneckentempo.

Aber kommt ein Hamster, auch wenn das Rad sich immer schneller und sich alles nur noch um ihn bewegt,
wirklich von der Stelle?

Um den existentiellen Schwindel zu überwinden und um
neue Orientierung, Halt und Kraft, vor allem Selbstbestimmung zu gewinnen, sind Ruhephasen wichtig.

Nicht nur um das Leben wirklich bewusst wahrzunehmen und anzunehmen oder auch zu genießen, sondern
vor allem um mit der Zeit souverän und in freier Vernunft umzugehen; zum Beispiel: Nehme ich mir Zeit, mir
eine eigene unabhängige Meinung zu bilden sowie das
Wesentliche vom Unwichtigen unterscheiden zu können? Welche neuen Schwerpunkte oder Prioritäten muss
ich vielleicht setzen? Wie kann ich lernen, "Nein" oder
„Ja" zu sagen? Wie unangenehme Dinge als Erstes oder
so schnell wie möglich zu tun? Mich selbst kritisch zu sehen und zu befragen, ohne im Selbstmitleid zu versinken?
Mich begründet entschuldigen zu können? Verantwortung persönlich und konkret zu übernehmen? Widerspruch und Widerstand mutig zu leisten, wenn die Würde
mit Füßen getreten wird?

Manche entdecken in dieser Zeit des vertieften Nach-, Vor- und Weit-genug-denkens noch mehr: Die kostbare Lebenszeit, die einmalig und begrenzt ist; sie bleibt ein letztlich unverdientes und nicht selbst machbares göttliches Geschenk des Gebers aller Zeiten.

Zu wertvoll, diese Lebenszeit einfach zu verschwenden oder nur im Hamsterrad des Lebens zu verbringen.

Alter

Die Lebensuhr tickt

Die Uhr tickt.
Mal schneller, mal langsamer.
Mal leiser, mal lauter.
Sie tickt in jedem Menschen anders.

Bei einem Gongschlag können alle geweckt werden und feststellen „Wie doch die Zeit vergeht!" Und dass man in der Zeit und durch die Zeit älter geworden ist.

Wer das Altwerden einfach schön redet oder schlecht redet, macht es sich zu einfach. Den Würgegriff neuer Krankheiten kann jeder verspüren, wenn sich die Arztbesuche und Krankenhausaufenthalte häufen. Und die Trauer um verstorbene Menschen wird noch intensiver, wenn man dabei an das eigene Alter denkt.

Doch deshalb muss sich keiner auf das Abstellgleis stellen lassen, um dort nur noch als Zuschauer oder Statist des Lebens auf seine eigene Totenmesse zu warten.

Das Altwerden im Alter kann auch ein Neuwerden im Alter bedeuten.

Die Trägheit, das Totschlagen der Zeit, die verkrampfte Verweigerung mitzufühlen, mitzudenken, mitzumachen und mit zu verantworten, kann überwunden werden. Das bedeutet keine panische Überaktivität, keine Besserwisserei, keine Überheblichkeit, zu jedem Thema seinen scharfen Senf dazugeben zu müssen.

Eine zweite Blüte entwickelt sich vielmehr, wenn die erste Blüte nicht verkümmert, sondern reift. Dann werden die eigenen Erfahrungen und Kenntnisse nicht nur gebraucht, sondern zudem erneuert und vermehrt - unbeeindruckt vom Wettbewerb tobender Gefühle und bitterer Gedanken, unabhängig von der unsichtbaren Jury anderer.

Ein souveränes und freies, selbstbestimmtes und sinnerfülltes Leben blüht auf, weil im Garten des Lebens die geschenkte Lebenszeit immer wichtiger geworden ist.

Die Lebensuhr selbst wird nicht angehalten. Wer jedoch weise tickt, weiß, dass die unsichtbar gespannte Feder, die das Leben bewegt, einmal für die Ewigkeit entspannt wird.

Und das Wissen um die Endlichkeit, vor allem um die Ewigkeit in der Zeit schenkt ein gelasseneres, besonneneres, menschlicheres und vernünftigeres Leben.

Ob man sich nun alt oder jung fühlt,
die Uhr tickt weiter.

Freundschaft

Ich habe einen Freund

Einer machte aus seinem Herzen keine Mördergrube:
„Ich bin dankbar und froh, dass ich Freunde habe."

Doch etwas Wasser gehört schon in diesen Wein. Freunde purzeln nicht einfach vom Himmel. Oder können im geschlossenen Kreis, in dem man ähnlich denkt, schimpft und sich oberflächlich zerstreut, nicht einfach gewonnen werden.

In der Diskussionsrunde zum Thema „Freundschaft" berichtete eine junge Frau, dass sie sich an den Schultern ihres Freundes ausweinen könne, „wenn ich die Ellenbogen anderer nicht länger ertragen kann." Ein Mann erwiderte: „Meine Freundin hat auch starke Schultern." Sie schweige wie ein Grab, wenn er sie darum bitte. Ein weiterer Teilnehmer schilderte, dass sein Freund ihm seine Meinung ungeschminkt sage. Er wisse, woran er sei, vor allem dass er es gut mit ihm meine. Da meldete sich einer zu Wort mit einer weiteren Erfahrung, die auch eine Prise Weisheit enthielt: „Mir ist wichtig, dass mein Freund mich argumentativ verteidigt, wenn ich schlechtgemacht werde und nicht anwesend bin." Und vor allem nicht flüchte oder den Kopf in den Sand stecke, „wenn ich mich in einer Notsituation befinde."

Wohl dem, der einen wahren Freund oder eine wahre Freundin hat! Solche Wegbegleiter durch dick und dünn können auch, müssen jedoch nicht Verwandte oder (Ehe) Partner sein. Und freundliche sowie höfliche Menschen, die berechnend oder nur an einer nützlichen Beziehung interessiert sind, gehören nicht automatisch zum wahren Freundeskreis. Schon gar nicht korrumpierbare und kaltherzige Menschen, die Freundschaft instrumentalisieren, weil sie nur an ihre eigenen Vorteile denken und von Neid- und Angstgefühlen getrieben sind.

Zusammenfassend kann man vielleicht sagen: Zur wahren Freundschaft gehört ein *Wir*-Gefühl, das Teilen gemeinsamer Grundwerte und Grundüberzeugungen; ein *Kopf*-Gefühl, das Erleben von Verschwiegenheit und Offenheit, Verstehen und Verständnis, Zuverlässigkeit und Aufrichtigkeit, Hilfsbereitschaft und Solidarität; aber auch ein *Bauch*-Gefühl, das gemeinsame Feiern, ein zweckfreier Umgang ohne Hintergedanken.

Menschliche und wahre Freundschaft kann mit einer flüchtigen Bekanntschaft oder beruflichen Kollegialität beginnen sowie in einer zweckgebundenen Kameradschaft wachsen. Freiwillig, ohne Druck und ohne Zwang.

Doch vor allem die Freundschaft zum Liebhaber des Lebens, zu Gott, mit der Gewissheit einer grenzenlosen und bedingungslosen Liebe, bleibt mitten auf Erden ein Geschenk des Himmels.

Und befähigt immer wieder zum Vertrauen sowie zur neuen und erneuerten Freundschaft zwischen Menschen.

Liebende

Liebe kann schön sein

Sophie nimmt das Buch, blättert in ihm und liest:

„Wie eine Lilie unter den Dornen, so ist meine Freundin unter den Mädchen. Wie ein Apfelbaum unter den wilden Bäumen, so ist mein Freund unter den Jünglingen. Unter seinem Schatten zu sitzen begehre ich, und seine Frucht ist meinem Gaumen süß. Er führt mich in den Weinkeller, und die Liebe ist ein Zeichen über mir. Er erquickt mich mit Traubenkuchen und labt mich mit Äpfeln; denn ich bin krank vor Liebe. Seine Linke liegt unter meinem Haupte, und seine Rechte herzt mich."

Zwei Liebende vergleichen offensichtlich das Geheimnis ihrer Sehnsüchte mit einer attraktiven „Lilie", die süß duftet, Liebenswürdigkeit und Reinheit widerspiegelt, sowie mit einem schönen „Apfelbaum", der Frucht, Geborgenheit und gemeinsames Leben bietet.

Sophie ist ergriffen und hingerissen: „So schön kann also Liebe sein." Sie erinnert sich daran, als sie mit ihrem Freund in der Nacht die Sterne bewunderte und sie gemeinsam in die Welt des Universums eintauchten. Wie das Sichtbare entschwand und das Unsichtbare sichtbar wurde. Wie die Sehnsucht nach dem Grenzenlosen und Bedingungslosen wuchs. Und ihre kleine Liebe ganz groß wurde, weil in ihr Sinn aufleuchtete.

Einem Macho mit Männlichkeitsvorstellungen, die Bevormundung, vielleicht sogar Gewalt gegenüber einer Frau legitimieren, hätte sie sofort einen Laufpass gegeben. Aber auch einem Schachspieler, der ihr Verhältnis auf dem Schachbrett der Beziehung mit eiskalten rechtlichen Zügen hätte gestalten wollen. Und mit einem Langweiler, der im Gestrüpp des Alltags hängenbleibt und kein elektrisierendes Hin und Her mehr kennt, möchte sie auf Dauer auch nicht zusammenleben.

Ihr Freund und sie kennen vielmehr ein angenehmes *Zittern*: Dass Liebende wie Seiltänzer sein können, die auf dem Weg zum gemeinsamen Erleben zwischen Hoffnung und Enttäuschung, Erwartung und Ernüchterung schwanken.
Aber auch ein wohliges *Kribbeln*: Dass Liebende wie Zauberer etwas aus dem Hut ziehen, das sie selbst noch nicht kennen.
Zudem ein wachsendes *Vertrauen*: Dass Liebende wie Lebenskünstler mit heißem Herzen und zugleich kühlem Kopf durch Zärtlichkeit und zugleich Verantwortung reifen.

Kurz: Dass bedingungslose Hingabe und kritische Vernunft so oszillieren, dass ein zartes Glück im freien und freiwilligen Spiel der Liebe entsteht.

Es ist ein ganz persönliches Glück, dass jedoch durch Ungeduld und Unverständnis, Selbstsucht und Selbstaufgabe zerstört wird, dass sich aber auch durch Achtsamkeit und Mitgefühl, Verstehen und Verständnis, Geduld und Zärtlichkeit, Besonnenheit und gemeinsame Verantwortung entwickeln kann.

Beim Lesen des Textes hat Sophie erlebt, wie dessen Botschaft mit ihren eigenen Erfahrungen verschmelzen. „Und in welchem Buch hast du das gelesen?", fragt Sophies Freund, als er von dem Liebes-Text hört. „In der Bibel, im Hohelied Salomos." Ausgerechnet in einem „Glaubensbuch"?!

Beide werden neugierig. Sie entdecken in dem „Buch der Bücher" Aussagen über die göttliche Liebe, die sich in der menschlichen Liebe widerspiegeln könne, die sogar grenzenlose schöpferische Möglichkeiten kenne, die nicht kaufbar, erzwingbar, machbar oder einklagbar sei - dessen „Glut" jedoch „feurig ist und eine Flamme des Herrn."

Ein unvergängliches und kostenloses Geschenk Gottes, dem Liebhaber allen Lebens, auch für Liebende?

Beide erleben, dass die göttliche Liebe ihre Liebe nicht nur bereichert, sondern geheimnisvoll vertieft und ihnen sinnstiftende Lebenskraft gibt. Die das gemeinsame Leben immer wieder braucht und erneuert.

Liebende

Der bewegte Bauch sagt „Si",
der kühle Kopf „Wie?!"

Der Mund haucht: „Ich liebe dich".
Das Herz flüstert: „Nur dich".

Liebende sind verzückt,
doch nicht ständig entrückt.

Gefangen auf Wolke sieben
gelten nur noch Triebe.
Befreit durch Kopf und Herz
ist Leidenschaft kein Scherz.

Vertrautheit ist ihr Glück
und Vertrauen ihr Kick.
Die Liebe, die nicht nur schlummert,
überwindet manchen Kummer.

Kostbar und mächtig,
reift sie würdig und bedächtig.
Liebende entdecken den Sinn
im Vollzug ihrer Liebe mit Gewinn.

Und das „Bitte, was?!"
als eine schöne Last.

Gottesliebe

Mein Name ist…

Gestatten, ich bin die Sahne. Viele Menschen, die ich verzaubere, mögen mich.
Und ich bin der Zucker, stellte sich der Nächste im Kreis vor. Ich kann den Geschmack einer Speise verbessern.
Da mischte sich der Honig ein. Ich kann auch süßen und bin darüber hinaus viel gesünder.
Alles nur Sünde, unterbrach das Salz den Honig. Ich bin das weiße Gold und schon immer unentbehrlich im Leben aller Menschen.
Einer, der in der Ecke saß, ergriff das Wort. Er prahlte mit einem Schuss Ironie. Als süßes Gift bin ich ein wahrer Freund und Helfer der Menschen.

Da hoppelte etwas Schillerndes in den Kreis. Alle lachten und riefen. Dein Name ist wohl Hase. Aber das Vieldeutige war nicht beleidigt, lief nicht weg, hielt auch keine große Rede, sondern sah alle einzeln an und sprach zu jedem einzelnen.

Zur Sahne: Du bist schön. Doch kannst du die Substanz des Lebens verändern?
Zum Zucker: Du wirst als Geschmacksverbesserer gebraucht. Doch warum löst du dich so schnell im Alltag der Konflikte auf?
Zum Honig: Ohne dich gäbe es wohl kein süßes Leben. Doch was passiert, wenn du den Verstand verklebt hast?
Zum Salz: Du bist schon immer lebenswichtig gewesen. Doch warum werden Menschen durch dich immer durstiger nach Macht?

Und dem Gift gab es klar zu verstehen: Du verführst die Menschen zur Abhängigkeit. Kannst du das verantworten?

Wer bist du? fragten alle erstaunt. Mein Name ist Programm, erwiderte das Unbekannte. Ich bin das Vertrauen und die Verantwortung, die Freiheit und die Vernunft, die Leidenschaft und die Weisheit.

Die Sahne spottete „schöne Schwärmerei", der Zucker „ungesundes Denken", der Honig „süßes Versprechen", das Salz „kraftlose Alternative".

Nur das Gift wurde nachdenklich. Kommt es nicht stets auf die Dosis in der jeweiligen Situation an, um ein solches Programm mit Leben zu füllen?

Das Unbegreifliche schien ein wenig begreifbarer zu werden als es erläuterte: Wer mich liebt, weil ich ihn bedingungslos liebe, lebt in der Liebe. Der kann seinen Nächsten und sich selbst annehmen, mit Herz und Kopf helfen, vergeben, seine Verantwortung wahrnehmen und neue Wege gemeinsam wagen. Und am Ende seines Lebens sogar auf einen Neuanfang hoffen, auf ewiges Leben.

Gestatte, sagte das Gift, das gar nicht mehr giftig, sondern wie befreit wirkte, dann bist du die Gottesliebe.

Nächstenliebe

Martin aktuell

Ein Ritter der Nächstenliebe teilt seinen Mantel mit einem frierenden Bettler. Anders als ein *Raubritter* mit Scheuklappen, der nur an seinen eigenen Vorteil denkt. Oder als ein *Gutritter* mit Heiligenschein, der gern Mäntel verteilt, die ihm nicht gehören.

Aber auch ein *Bettler* kann täuschen und enttäuschen. Ob Martin von Tours im 4. Jahrhundert getäuscht worden ist? Auf jeden Fall hat er nicht seinen ganzen Mantel abgegeben oder dem Bettler sein Pferd zur Verfügung gestellt. Er wusste wohl, dass schrankenlose oder selbstlose Hilfe heimtückisch und ungerecht sein kann.

Aber der Heilige Martin blieb menschlich. Und zugleich vernünftig; er wusste: Auch ein Ritter kann eines Tages zu Boden gehen und Hilfe gebrauchen. Und dann ist es gut, wenn es *Mitritter* gibt, die zuvor vielleicht Bettler waren, aber nicht am Tropf der Hilfe hängen geblieben sind, sondern mitgeholfen haben, „Mantelfabriken" zu bauen. Und strukturelle Weichen für aktivierende Hilfen zur Selbsthilfe zu stellen.

Jeder Mensch braucht irgendwann einmal ein gnädiges Hören, damit sein leiser Ruf nach Liebe gehört wird. Ein gnädiges Sehen, damit der Mitmensch sich in ihm wiederentdecken kann. Ein gnädiges Reden, damit man gemeinsame Lösungen findet.

Keine Lichtgestalt und keinen Supermenschen, wohl aber einen Mitmenschen, der vernünftig und zugleich gnädig bleibt, „Lebensmäntel", Lebenszeit und Lebensmöglichkeiten, teilt. Und solche liebenden Ritterschläge können *Neuritter* im Alltag der Politik bewegen – bis heute für morgen.

Sinn

Nur süße Sahne?

Die Sahne, die stolz den Kuchen dekoriert, greift plötzlich den Zucker an: „Du löst dich doch nur im Tee auf und verschwindest".
Verärgert reagiert der Zucker und geht in die Offensive: „Ohne dich schmeckt der Kuchen immer noch und keiner würde dich vermissen".
Ein Mehrkornbrötchen, das auf einem Teller in der Nähe liegt, mischt sich ein und sagt: „Alles gehört irgendwie zusammen. Ohne meine Körner wäre ich kein Mehrkornbrötchen".
Nur ein Eis am Stiel, an dem ein Kind schleckt, schweigt, verdreht aber die Augen und denkt nach.
Ist nicht alles vergänglich, vielleicht sogar vergebliche Liebesmüh? Auch oder gerade, wenn man selbstlos ist, weil man dann sein Selbst los wird? Ist mein Leben, das ich opfere, eigentlich ohne Sinn?

Nur einfach auf die Sahne hauen, täuschen und blenden, übertreiben und aufbauschen macht den Kuchen des Lebens auch nicht genießbarer oder attraktiver. Allerdings kann die Sahne dem Auge schmeicheln und die Zunge verzücken; ihr „schöner Schein" Teil des kostbaren Kuchens sein.
Nur einfach den Zucker verteufeln, unterstellen, dass Werte wie Verantwortung und Fairness schöne Worthülsen seien, aber im Tee der alltäglichen Auseinandersetzungen keine Rolle spielten, muss nicht immer stimmen. Keinem wird ständig die Pistole auf die Brust gesetzt, seine Überzeugungen aus pragmatischen Gründen aufzulösen oder moralisch zu überzuckern. Jeder kann, wenn

er will, die Kraft und die Möglichkeit hat, sein Gesicht
auch in Konfliktsituationen zeigen.
Wie beim Mehrkornbrötchen ist auch ein Leben im Einklang mit sich selbst und anderen möglich. Ohne dabei
abzuheben oder sich aufzugeben.

Die individuelle Suche nach Sinn muss nicht vergeblich
sein. Wer sucht, kann auch etwas verloren Geglaubtes,
ängstlich Weggeworfenes oder vermeintlich Gestohlenes
(wieder-)finden.
Jedes Leben kennt Vergänglichkeit und Endlichkeit,
Oberflächlichkeit und Gleichgültigkeit, Dummheit und
Unvernunft, Widersprüchlichkeit und Brüchigkeit, Ohnmacht und Einsamkeit, Schuld und Ende. Aber eben
auch überraschende sowie sinnstiftende und frohma-
chende Neuanfänge, die im Lebensvollzug selbst persönlich entdeckbar und erfahrbar sind.

Bei vielen Menschen läuft das Wasser im Munde zusammen - nicht nur, wenn sie an ein leckeres Stück Kuchen
mit Sahne, an erfrischenden Tee mit Zucker oder an ein
deftiges Brötchen mit gesunden Körnern denken. Sondern auch an ein bisschen Liebe, an vorbehaltlose Annahme, an persönliche Wertschätzung, an faszinierende
Leidenschaft und an ein erfülltes Leben in Gemeinschaft.

Und wer dann auf den Geschmack gekommen ist, kann
solche Liebe erfahren, indem er sie teilt.

Und eine Sinnerfahrung mit allen Sinnen schmecken, sehen, hören und riechen. Den Sinn langsam oder schlag-
artig begreifen, indem er die Liebe ergreift.

Identität

Leben wie eine Katze?

Ein Fisch kann nicht gleichzeitig ein Vogel sein. Und umgekehrt. Ein Vogel kann zwar versuchen, die Rolle des Fisches zu spielen. Und ein Fisch die des Vogels. Aber das frische Wasser bleibt das entscheidende Lebenselement des Fisches und die saubere Luft das des Vogels. Selbst wenn Vogel und Fisch ein faszinierendes Theater jenseits und diesseits der Wasseroberfläche spielen, bleibt es den wachen Augen von Katzen nicht verborgen, dass der Fisch ein Fisch und der Vogel ein Vogel ist.
Manche Katzen können sich tierisch amüsieren, wenn Fisch und Vogel auf der Bühne des Lebens beides gleichzeitig oder ein ganz anderer sein und ihre wahre Identität verstecken wollen. Vielleicht weil es ihnen um mächtiges Futter oder um schmeichelnden Applaus geht. Aber manche gestiefelten Zuschauer, die die Nase vom grotesken Rollenspiel voll haben, setzen zum Sprung an, weil sie Fische als Vögel und Vögel als Fische zum Fressen gern haben.

Doch warum überhaupt ein absurdes Theater mit (Ent-)Täuschungen spielen? „Ich bin nun einmal so, wie ich bin", sagte ein junger Mensch ganz bescheiden; fügte dann jedoch noch selbstbewusst hinzu: „Ich kann zwar nicht wie die Fische schwimmen oder wie die Vögel fliegen, aber ich kann ein freies Leben führen, mich im Rahmen meiner Möglichkeiten entwickeln." Warum sollte er, der mit sich selbst und seiner Mitwelt im Einklang zu leben versucht, gleichzeitig oder überhaupt ein anderer sein wollen?

Wie eine Katze kann ein Mensch kratzen und beißen, die Seele in Unruhe versetzen und Ärger verursachen. Lecken und beknabbern, sein Ego säubern und polieren. Miauen, die Aufmerksamkeit auf sich lenken, gegen etwas protestieren, wehklagen oder Betroffenheit zeigen. Und Geheimnisse verbergen.

Doch er kann auch - wie eine Katze? – neugierig versuchen, bei allen Abhängigkeiten und Widrigkeiten sowie bei aller Unvollkommenheit und Hilfsbedürftigkeit ein selbstbestimmtes Leben zu führen. Nicht mit Fäusten und Ellenbogen, sondern mit einfühlsamen Samtpfoten.

Indem die Würde aller, die Einmaligkeit und Unverwechselbarkeit, die vielen Identitäten, jeder einzelne Fingerabdruck, auch der eigene, geachtet wird, eröffnet sich die Möglichkeit gemeinsamen Lebens.

Ob nun als Fisch, Vogel oder Katze – oder als Mensch, der allerdings mit einer besonderen Verantwortung.

Hand

Kleiner Finger des Glaubens

Können Hände sprechen? Eine Frau und ein Mann sitzen schweigend und mit geschlossenen Augen auf einer Bank. Sie genießen die Sonnenstrahlen. Die rechte Hand des Herrn sucht die linke Hand der Dame. Die Finger verhaken sich zärtlich ineinander. Nur ein unschuldiges Händchenhalten? Beide atmen tief durch, scheinen Nähe und Wohlgefühl, Wertschätzung und Geborgenheit zu spüren. Ein zauberhaftes Lächeln huscht über ihre Gesichter.

Aus einer zärtlichen Hand kann jedoch auch eine geballte Faust werden. Wütend schlägt ein Vater mit ihr auf den Tisch und schreit seinen Sohn an: „Solange du deine Füße unter meinem Tisch hältst, bestimme ich, wo es lang geht." Oder ein Sohn droht seinem Vater mit seiner aggressiven Faust, um ihn einzuschüchtern, damit er sich aus seinem Leben heraushält.

Hände sprechen Bände; sie sind vielsagend und mehrdeutig, verraten nicht alles. Ein herzlicher Händedruck kann wie eine Visitenkarte sein, Friedfertigkeit, Offenheit und Gastfreundschaft signalisieren, aber auch täuschen und enttäuschen. Hände können pflegen, aber auch quälen; helfen, aber auch zerstören; trösten, aber auch Salz in die Wunde streuen; applaudieren, aber auch auspfeifen.

Zudem geht der erhobene Zeigefinger, der von oben herab belehrt und bevormundet, auf die Nerven. Hinter vorgehaltener Hand üble Nachrede oder Halbwahrheiten zu verbreiten, ist auch nicht gerade fair. Sich die Hände vor Schadenfreude zu reiben, spricht nicht für eine Person. Und wenn Hände nur in den Schoß gelegt werden, weil es bequem ist oder man keinen Ärger haben will, ist das auf Dauer auch keine Lösung.

Doch was passiert, wenn eine Hand ins Leere zu greifen scheint?
Ein Schiffbrüchiger, der in eine existentielle Krise geraten ist, erlebt Wechselbäder der Gefühle: Den Sog kraftloser Bitterkeit, die Windstille einsamer Sinnlosigkeit, aber vor allem die zerstörerischen Wellen der Angst und der Hilflosigkeit. Er klammert sich verzweifelt an Wrackteile seiner bisherigen Erfahrungen und Deutungen. Er fragt, klagt und ruft. Aber er bekommt keine Antworten, keine Erklärungen, vor allem keine schnelle Lösung seiner Probleme.

Christen behaupten, dass mit dem kleinen Finger des Gottvertrauens die unsichtbare Hand Gottes ergreifbar sei, um zu begreifen: Ein Schiffbrüchiger mit durchbohrten Händen kann einem Schiffbrüchigen mit ohnmächtigen Händen helfen. Weil Jesus Christus selbst einen schöpferischen Neuanfang am Ende seines Lebens erfahren hat, sei er die ausgestreckte Hand Gottes aller Schiffbrüchigen.
Aber man muss wohl erst seine eigenen Hände leeren und seine Vorstellungen von Gott loslassen, um sie vom Geist Gottes neu füllen zu lassen. Um dann in einer neuen Gewissheit zu leben: Wir haben vieles in der sichtbaren Hand, das Machen und Verantworten, aber wir selbst sind geborgen in seiner unsichtbaren Hand, durch sein unvergängliches Wirken und seine Handschrift bedingungsloser sowie schöpferischer Liebe.

Himmel

Ewiges Leben?

Nur ein harmloser Flirt mit dem Himmel? Superreiche investieren in Superforscher, damit ewiges Leben möglich wird.
Es scheinen keine Spinner zu sein, die im Rahmen der digitalen Revolution ein Leben ohne Leiden, Sterben und Tod im Auge bzw. Kopf haben. Angedacht ist offensichtlich, die Daten des Gehirns eines Menschen im Blick auf seine Sprache, sein Wissen, seine Kulturtechniken sowie sein Gedächtnis und seine Erinnerungen hochzuladen und auf eine elektronische Maschine zu übertragen. Das Gehirn könnte dann im Computer bzw. in einem menschenähnlichen Roboter weiterleben.

Doch erlebte das neue Wesen, das zuvor durch Genmutationen optimiert und perfektioniert worden ist, wirklich den „Himmel auf Erden"? Und wie sollte mit den armen Schluckern umgegangen werden, mit den noch Fehlerhaften und noch Leistungsunfähigen oder den Unwilligen und Machtlosen? Müssten sie links liegen gelassen oder sogar aussortiert werden? Und wer würde das entscheiden?

Alles nur Superwahnvorstellungen von selbsterkorenen Supermenschen?

Der normale Mensch, der nicht selbst Gott spielt, quält sich da mit ganz anderen Fragen, wenn es um den Himmel und das ewige Leben geht und er nicht total abgebrüht oder gleichgültig ist.

Eine Mutter beispielsweise wusste keine andere Lösung. „Wenn du nicht gehorchst", sagte sie genervt zu ihrem pubertierenden Kind, „dann kommst du nicht in den Himmel." Doch die Tochter wollte gar nicht in den langweiligen Himmel, sondern lieber die Verhältnisse zickig durcheinanderwirbeln.
Und – Hand aufs Herz - ist der Himmel das richtige Instrument, sein Kind zu erziehen?

„Im Himmel wartet auf dich eine große Belohnung", lockte ein religiöser Fanatiker und Rattenfänger einen Jugendlichen, „wenn du dich für unseren Glauben opferst und zum Märtyrer wirst." Auch diesen brutalen und menschenverachtenden Missbrauch des „Himmels" gibt es. Oder der bekannte Missbrauch, wenn mit himmlischen Früchten oder spätere Himmelsgerechtigkeit geworben wird, um im irdischen Jammertal nicht allzu laut zu klagen oder politisch zu rebellieren.

Viel menschenfreundlicher sind da andere Himmels- und Glückserfahrungen. Wenn zum Beispiel Liebende sich angenommen und geborgen fühlen. Wenn ihr Himmel die Grenzenlosigkeit und Unendlichkeit ihrer Liebe verspricht - trotz aller grundsätzlichen Vergänglichkeit und Endlichkeit.

Der Himmel kann auch eine Folie für Hoffnungen sein.

Ein Kind weinte, weil der verstorbene Papa, der lange Zeit im Krankenhaus gelegen hatte, nicht mehr nach Hause zurückkehrte. „Wo ist Papa jetzt?" „Im Himmel", antwortete die Mutter verlegen. „Ist der Himmel vielleicht ein Krankenhaus, wo alle Menschen geheilt werden und glücklich sind?!" schluchzte das Kind und hörte auf zu weinen.

Den Himmel, in dem Menschen zu ihrem Schöpfer zurückkehren, in dem sie unbeschwert und unbegrenzt, aber auch letztlich unbegreiflich weiter existieren, hat Jesus Christus mit seiner Himmelfahrt für Gott- und Christusglaubende geöffnet.

Und das Grundvertrauen im Blick auf diesen Ort des ewigen Friedens mit unbegrenzten Möglichkeiten, mit letztem Sinn und letzter Geborgenheit, kann schon hier und jetzt die Kraft geben, das Leiden nach bestem Wissen und Gewissen zu bekämpfen, aber auch in hoffender Liebe anzunehmen, wenn es unabänderlich erscheint.

Damit das Leben nicht zur Hölle wird und der Himmel mit seiner schöpferischen und unendlichen Liebe das letzte Wort behält.

Bibel/Koran

Würde bleibt unzerstörbar

Ein Mensch setzt seine Brille ab und erzählt die Geschichte einer besonderen Freundschaft.

Eine Muslimin ist mit einem Christen befreundet.
Eines Tages sagt der junge Mann zu seiner Freundin. „Eigentlich dürften wir gar nicht befreundet sein."
„Warum nicht?", fragt die junge Frau erstaunt zurück.

Der holt den Koran aus seiner Tasche und liest die Sure 5, Vers 51 vor: „O ihr, die ihr glaubt, nehmt euch nicht die Juden und die Christen zu Freunden."

Die Muslimin schmunzelt: „Allah ist allmächtig, weise und barmherzig. Er hat bestimmt nichts gegen unsere Freundschaft."

Der junge Mann lässt jedoch nicht locker.
Für ihn ist der Koran eine „fremde Welt" und er hat viele Fragen; zum Beispiel: „Bin ich als Christ ein Ungläubiger, wenn ich glaube, dass Christus Gott ist?"
Und er liest die Sure 5, Vers 17 vor.

„Gilt ein generelles Tötungsverbot, weil Gott den Menschen für unantastbar erklärt hat? Oder gibt es auch eine Berechtigung, einen Menschen zu töten?"
Und er liest Sure 17, Vers 33 vor.

„Habe ich als Mann Vollmacht und Verantwortung gegenüber den Frauen, weil Gott den Mann bevorzugt hat?

Und soll die Frau dem Mann demütig ergeben sein und ihm gehorchen?"
Und er liest die Sure 4, Vers 34 vor.

Die Frau erwidert: „Du hast die Freiheit zu glauben oder nicht zu glauben."
Und sie liest die Sure 18, Vers 29 vor.

Die gebildete und liberale Muslimin hat keine Angst vor einer kritischen Auseinandersetzung. Sie weist auch nicht reflexartig auf das Alte Testament der Bibel hin, indem wie im Koran „grausame Dinge" stehen. Sie weiß, dass man zwischen Islam und Islamismus sowie religiösem und politischem Islam unterscheiden muss und dass der Koran nicht selten auch von anderen Weltanschauungen missbraucht wird.

Sie wolle auch nicht mit verschlossenen Augen durch die Stadt laufen und behaupten, dass es keine Häuser, keine Sonder- oder Parallelwelten mit brutaler Gehorsamserziehung sowie Zwangsheiraten und gekauften Bräuten aus der alten Heimat gebe. Und sich nicht nach dem Motto blenden lassen alles sei nicht so gemeint, alles könne entschuldigt werden.

Aber vor allem, erläutert sie, gelte für sie der Vorrang des weltlichen Rechtes vor dem göttlichen Recht, weil sie sonst ihre Freiheit, sich eine eigene Meinung zu bilden sowie ihre Selbstbestimmung, aufs Spiel setzen würde.

Ihr Freund und sie – beide wollen sich nicht spalten lassen, auch nicht alles relativieren oder tolerieren - blicken gemeinsam in den Spiegel religiöser Texte des Koran, aber auch der Bibel und entdecken viele Gesichter, das

eigene, verzerrte, aber auch in neue Gesichter, die bei allen Unterschieden Mut zur mündigen Freundschaft auf Augenhöhe macht, in der beide miteinander und voneinander lernen und neue Horizonte entdecken können.
Mit der historischen und kritischen Brille versuchen sie das eigentliche Anliegen und die Umstände der Offenbarungen zu sehen, den Sinn im Zusammenhang, das Echo in der Geschichte sowie die Bedeutung für die Gegenwart. Beide meinen, das Gesicht des leidenden Mannes der Bergpredigt wahrzunehmen, der Friedensstifter seligpreist. Und Mohammeds Gesicht als ergebener Kämpfer eines Gottes, der sich als Gesetzgeber über alle damaligen Lebensbereiche und den Koran als sein Gesetzbuch versteht.

Beide leben jedoch gerne im säkularen Deutschland mit Meinungs-, Religions- und Wissenschaftsfreiheit, Gleichberechtigung und der Gewaltenteilung, weil dieser Staat sich nicht als Gottes- oder Kirchenstaat versteht, der bevormundet und den Vorrang der unantastbaren Menschenwürde sowie der natürlichen Menschenrechte ignoriert, sondern im Rahmen der gemeinsamen Werte- und Rechtsordnung Vielfalt in Einheit, in Sicherheit, Vernunft und Verantwortung ermöglicht.

Nach diesen Worten setzt der Mensch seine Brille wieder auf. Und als er aufsteht, fügt er noch hinzu: „Kein religiöses Gift, keine moralische Keule, kein fanatisches Schwert, aber auch keine Gute-Laune-Droge mit falscher Toleranz kann die Würde zerstören".

Und wohl auch keine wahre Freundschaft.

Toleranz

Parabel vom Brückenbau

Auf seinem Weg trifft ein Mensch drei fromme Personen.

Die eine sagt: „Jahwe ist der wahre Gott. Er ist mein Wegbegleiter, der mich mit Hilfe der Thora über Höhen und Täler meines Lebens führt."
Die zweite: „Allah ist der wahre Gott. Er ist mein Wegbereiter, der mir mit Hilfe des Korans den Weg zur Quelle des Lebens zeigt."
Die dritte: „Jesus Christus ist der wahre Gott. Er selbst ist der Weg, der mir mit Hilfe der Aussagen der Bibel neues Leben schenkt."

Um die Streithähne herum stehen Zuschauer. Einer zeigt seine Zähne und lacht über die Zwistigkeit; ein anderer beißt sich auf die Zunge, um keinen bissigen Kommentar abzugeben; wieder einer verdreht die Augen, weil er den Streit nicht versteht. Die meisten jedoch schütteln kurz den Kopf und gehen dann gleichgültig weiter ihres Weges.

Nur der eine Mensch erhebt seine Stimme und fragt die Frommen: „Wie finde ich den Weg über den reißenden Strom?" Auf die Rückfrage, welchen Strom er denn meine, erzählt er vom Strom des Lebens, der plötzlich und unerwartet alle Bekenntnisse und Formeln, den Glauben und die Vernunft wegreißen kann, um neue Gewissheiten und Einsichten zu schaffen. Doch wer nicht untergehen wolle, müsse eine Brücke über den Fluss bauen, bevor eine reißende Strömung ihr Unwesen treiben könne.

Die Frommen verstehen nicht, was er damit sagen will. Der eine erwidert, er hätte jetzt keine Zeit zum Philosophieren. Der andere weist darauf hin, dass er keine Infos über den Brückenbau habe. Der dritte im Bunde reagiert sehr höflich „Wir können in Ruhe darüber sprechen." Doch in Wahrheit will er sich nur mit sich selbst beschäftigen.

Der Mensch lässt jedoch nicht locker: „Im schnellen Strom des Lebens ist ein Brückenbau möglich." Und er spricht von vorbehaltlosem *Er*kennen der Gemeinsamkeiten, gleichberechtigtem *An*erkennen der Unterschiede und von gemeinsamem *Be*kennen gegenüber Andersdenkenden.

Die Vertreter der Religionen fragen neugierig: „Wie kann das gelingen?" „Schaut nur mich an!" lädt der Mensch sie ein. Jeder einzelne - der Rabbiner, der Iman und der Bischof - blickt den Menschen an. Und entdeckt in seinem Gesicht sich selbst, seine Geschaffenheit und Einmaligkeit, aber auch seine Begrenztheit, seine Unvollkommenheit sowie seine Liebesbedürftigkeit – die Brücke der Menschlichkeit, die durch gegenseitige Toleranz für alle begehbar ist, um in den Horizont der Freiheit und des Rechts, der Sicherheit und des Wohlstandes, vor allem der Wahrheitssuche ohne Scheuklappen und Vorurteile zu gelangen.

Menschlichkeit

Großes im Kleinen

Ein kleines Kerlchen – ganz groß?!

Es ist in sich selbst verliebt.
Und verschließt häufig sein Herz.

Es hält sich für schlauer als andere.
Und blickt auf andere herab.

Es verachtet Verlierer und Versager.
Und überhört den Wunsch nach einem Neuanfang.

Es ist neidisch auf Gewinner und Sieger.
Und übersieht das Glück und die Knochenarbeit.

Es führt sich gerne auf wie ein Zampano.
Und täuscht andere, Unmögliches möglich machen zu
können.

Es ignoriert die Begrenztheit allen Lebens.
Und vergisst allzu schnell, dass es selbst auf Hilfe und
Gemeinschaft angewiesen ist.

Doch was geschieht, wenn sich in jedem Menschen ein
kleines Kerlchen versteckt?

Zum Beispiel im *Wohnzimmer-Samariter*, der egalitär redet,
aber elitär lebt. Der Wein trinkt, aber Wasser predigt.
Im *Schlangen-Typ*, der sich ängstlich windet und scheu an-
passt. Der jedoch plötzlich Gift versprühen kann, über
Abwesende lästert und sie in Misskredit bringt.

Im *Flüsterer im Engelsgewand*, der den Himmel der Gemeinschaft in schönsten Farben preist, aber selbst kein Verständnis für Andersdenkende hat und über Leichen geht.

Im *Macho-Helden*, der Frauen als unmündige Objekte ansieht, die man beliebig behandeln und austauschen kann. Der in seiner Parallel- und Sonderwelt die Spielregeln der Gleichberechtigung, der Toleranz und Partnerschaft nicht gelten lässt.

Im *Otto-Normal-Verbraucher*, der als Getriebener und zugleich als Treiber sein Gesicht in der Masse verliert. Der seine Kopfschmerzen wegen Verletzungen und Kränkungen mit Selbstgefälligkeit, Selbstgerechtigkeit oder Selbstmitleid bekämpft.

In jedem kleinen Kerlchen - in welchem Menschen auch immer - kann sich ein kluges Köpfchen entwickeln. Keiner muss sich ständig von seinen Gefühlen und Gedanken, Prägungen und Vorstellungen erpressen oder über den Tisch ziehen lassen.

Jeder kann anfangen, erwachsen zu werden, die wirkliche Welt zu entdecken sowie selbst zu reifen. Keiner muss nach Perfektion streben, aber jeder kann immer besser werden. Keiner muss sich zu einer Gesinnung nötigen lassen, aber jeder kann einsichtiger werden. Keiner muss Strammstehen, aber jeder kann couragierter werden.
Jeder kann eine Grundhaltung entwickeln, die den Geist für neue Sichtweisen offen lässt - das Herz für neue Mitgefühle, die Hand für neue Hilfsbereitschaft, den Kopf für neue Beweglichkeit, die Füße für neue Erfahrungen.

Ein lebendiger Mensch - ein kleiner Großer oder ein großer Kleiner - hat jenseits aller Schubfächer zwar für die Dunkelheit seiner Seele keinen Scheinwerfer zur Verfügung, der ohnehin stark blendet. Auch keine Kerze, die nur einen Teil ausleuchtet. Kein Streichholz, das nur vorübergehend brennt.

Wohl aber hält der Mensch als sich entwickelnde Persönlichkeit so etwas wie ein Nachtsichtgerät in der Hand. Mit ihm kann er die Dunkelheit zwar nicht einfach vertreiben, aber bejahen, ergründen und vor allem besser gestalten: Er lernt immer wieder neu, Wichtiges vom Unwichtigen zu unterscheiden, dass die Person und die Menschlichkeit im Zweifel wichtiger sind als die „Sache". Und dass das Richtige im richtigen Augenblick im Rahmen des Nötigen und Möglichen geschehen kann und soll.

Es ist mutig, auf eigene Kappe gelassen und besonnen, kritisch und urteilsfähig zu leben. Demütig, sich vom Leben selbst, auch vom liebenden Schöpfer allen Lebens, mit neuem Vertrauen, neuer Kraft und neuem Sinn beschenken zu lassen. Vor allem ist es mutig und demütig zugleich, die wahre Größe zu entdecken, die unverlierbare Würde, die verantwortungsbewusste Freiheit und die eigene Mündigkeit.

Und dadurch wird jedes kleine Kerlchen ganz groß.

Augen

Neu sehen lernen

Die Augenbrauen zucken. Ein leichtes Flackern erhellt und beschattet zugleich die Nah- und Fernsicht. Wer ist ein Riese, der wegen seiner Bedeutung gesehen wird, auch wenn er sich am liebsten versteckt? Und wer ein Zwerg, der wegen seiner Einflusslosigkeit übersehen wird, auch wenn er auf etwas Wichtiges hinweist?

Die Augen taumeln hin und her, als wären sie mal betrunken, mal siegestrunken, wenn sie die Wege der Riesen und Zwerge verfolgen.

Sie wandern zu den bunten Jahrmärkten des Lebens, auf denen es viel Genuss und Lust, Konsum und Kommerz gibt, aber auf denen sich auch verletzte Eitelkeiten tummeln, lästige Eifersüchteleien toben, sich gähnende Langeweile und oberflächliche Gleichgültigkeit eingenistet haben.

Die Augen werden *ab*gelenkt vom Laufrad des Zeitgeistes, an dem viele drehen, um ja nichts, vor allem eigene Vorteile nicht zu verpassen. Sie werden *hin*gelenkt zur Mühle der Reflexionen, die Verantwortung mit Spießigkeit verwechselt, indem sie schöne Gefühle kleinhält, wahre Leidenschaft kleinmacht und neugieriges Entdecken kaputtmacht.

Sie begegnen Netzwerken der Beziehungen, die fleißig geknüpft werden, um sich gegenseitig fördern, aber auch beaufsichtigen zu können.

Sie verlaufen sich manchmal im Dschungel der Ängste, der Macht- und Ohnmachtsgefühle, der Allmachts- und Verschwörungsphantasien.

Manchmal blitzt und donnert es in den Augen angesichts des Sumpfes aus Intrigen und Verdächtigungen, aus Begünstigungen und Seilschaften, alles sichtbar hinter dem glitzernden Vorhang des guten Scheins.

Die eigenen Augen schärfen, nicht immer nur das sehen, was man sehen will? Oder sie verdrehen und wegsehen – macht das Sinn?

Vielleicht sollte man einmal die Augen schließen, um zur Ruhe zu kommen und die Reise ins Innere antreten zu können.
Denn im Gegenlicht der Innerlichkeit kann zum Beispiel ein mutiger Zwerg in einer Behörde, der Betrug aufdeckt, selbst wenn er persönliche Nachteile hat, wie ein Riese erscheinen. Und ein Riese in der Leitung, der den Zwerg bei seiner Aufklärung hindert und sogar entlässt, verwandelt sich zum hässlichen Giftzwerg.

Warum also nicht mit geschlossenen Augen ohne Reizüberflutung und unnötigen Zuckungen vor lauter Angst nachdenken, tief in die Augen des Lebens schauen?!

Und wie wäre es, wenn dann ein Riese seine Fehler einsieht, um Entschuldigung bittet und dem Zwerg einen neuen Anfang schenkt, weil der die Details „ganz unten" besser kennt und erkennt, auch die Irrungen und Wirrungen.
Und im Gegenzug ein Zwerg bereit ist, loyal auf den Schultern des Riesen zu stehen, weil der den besseren

Überblick hat, um dann selbst die Zusammenhänge und Wirkungen leichter wahrnehmen zu können.

Wenn Zwerg und Riese entdecken, dass sie sich gegenseitig brauchen, weil sie sich in ihren Stärken und Schwächen ergänzen und bedingen - und dass sie beide auf Wertschätzung und Vergebung, auf Neuanfänge angewiesen sind.

Und wenn man dann die Augen wieder öffnet, kann vieles im neuen Licht gesehen werden, ohne überblendet zu werden. Die Bedingungen und Verhältnisse der Zwerge und Riesen, ihre Fesseln und Zwänge, ihre Überheblichkeit und Verlogenheit, ihre Engstirnigkeit und Kleinkariertheit, ihre Schaumschlägerei und Traumtänzerei. Aber auch – im Licht des christlichen Glaubens - ihre von Gott geschenkte Würde, ihre Liebenswürdigkeit und Vertrauenswürdigkeit, ihre Lern- und Entwicklungsfähigkeit, ihre Verantwortung sowie ihre Freiheit, im Zwerg den Riesen und den Riesen im Zwerg (neu) zu sehen. Und sich selbst im jeweils anderen.

Immer mit klaren und menschlichen Augen, die die betriebsblinde Dunkelheit des allzu Menschlichen erhellen, weil sie heller strahlen als das Licht der Scheinwerfer.

Man muss nicht schielen oder ein Auge zudrücken.
Keine ideologischen Scheuklappen oder getönte Brillen tragen. Um mit brennendem Herzen und kühlem Kopf einen liebenden Durchblick zu gewinnen und einen vernünftigen Ausblick zu haben.

Träume

Fit für den Alltag

War es nur ein wohliges Gefühl? Mit neuem Glanz in den Augen? Oder ein gruseliges? Mit starken Schweißausbrüchen? Gab es ein rasches Wechselbad von traurigen und fröhlichen Gefühlen? Mit versteckten Botschaften, verpackt in bunten Zerrbildern und Fetzen von Erinnerungen, scheinbar ungeordnet und ohne Zeitgefühl?

Das nächtliche Kino im eigenen Kopf kennt nervige Wiederholungen, aber es ist auch für Überraschungen gut.

Einer träumte von *Freiheit*. Er musste nicht strammstehen und im Gleichschritt marschieren. Er wurde nicht ständig kontrolliert und zur Ordnung verdonnert. Es wurde nicht versucht, seinen Willen zu brechen. Manchmal fühlte er sich wie ein freier Vogel, der seinen großen und großzügigen Käfig verlassen, aber auch in ihn zurückkehren konnte, wann immer er wollte.

Einer träumte vom *Wohlstand*. Ihm flogen keine gebratenen Tauben in den Mund, aber er konnte sich ein großes Auto, einen schönen Urlaub und ein Luxusessen leisten. Er freute sich über seinen beruflichen Erfolg und sein eigenes Heim. Manchmal fühlte er sich wie eine fleißige Arbeitsbiene, die funktionierte, indem sie ihre Pflicht tat. Manchmal wie ein gefährliches Raubtier, das aus seinem Käfig ausgebrochen war, um Beute zu machen, immer dreister und rücksichtsloser.

Einer träumte von *Liebe*. Erst versuchte er, den Himmel auf Erden zu schaffen, erntete aber nur die Hölle der

Heuchelei. Dann gab er sich der Hölle des Hasses hin und brüllte wie ein Löwe, klagte andere ohne Gründe an, urteilte ohne Unterscheidung und biss ohne Mitgefühl zu, bis er sich in seiner Bosheit verbissen hatte.

Doch schließlich erlebte er, wie ein *Mensch* ihn barmherzig annahm, ohne ihn zu bevormunden; ihm begründet vertraute, ohne naiv zu sein; ihm seine Meinung vernünftig sagte, ohne ihn zu verletzen; ihn um Verzeihung bat, ohne ihn zu erpressen; Verantwortung für ihn und mit ihm für die gemeinsame Entwicklung trug, ohne dass sich einer selbst aufgeben musste. Keiner lief im Büßerhemd freudlos herum, beide konnten vielmehr loslassen, wurden lustvoll eins.

Sind Träume nur süße Schäume oder seelische Müllentsorger? Ventile für aufgestaute Sehnsüchte und Ängste? Relaisstationen für unbewusste Vorgänge?

Vielleicht sollte man am anderen Morgen die Augen reiben, nachdenken. Und öffnen, neu sehen lernen.

Wurde der Film gedreht, um mich, den Träumer, „fit" für den Alltag zu machen? Um als Regisseur und Akteur im Film meines eigenen Lebens gestärkt zu sein?

Das Geflimmer der Augenlider wäre dann nicht sinnlos.

Und der Traum der Nacht könnte zur erfahrbaren Botschaft des Tages werden.

Gesichter

Dolmetscher der Gefühle

Immer, wenn er auf einen Zug warten muss, spielt er Detektiv. Dann sitzt der Mann auf einer Bank und beobachtet fremde Menschen, besonders deren Gesichter.

Manche sind jedoch schwer zu erkennen.
Ein Jugendlicher in gebückter Haltung starrt wie gefesselt auf sein Smartphone und schenkt ihm keinen Blick. Ob der Smartphon-Besitzer Angst hat, etwas zu verpassen? Ob ein magischer Zauber ihn anzieht und aus der Realität in eine Scheinwelt entführt?
Oder die Frau, die sich mit einer Burka verhüllt hat. Ist sie so schön wie ein funkelnder Stern? Warum versteckt sie ihr Gesicht? Will sie sich abgrenzen und verdeutlichen „Ich gehorche Allah!"? Fühlt sie sich als Opfer der modernen Welt? Hat sie Integration bisher nicht geschafft, weil das ihre Sonder- und Parallelwelt verhindert?

Doch viele Passanten zeigen ihr Gesicht.
Ein Kind mit einem Eis in der Hand strahlt über das ganze Gesicht. Heimlich bewundert der Detektiv - kein Wegelager, der andere belästigen will - das schöne Gesicht einer Frau. Verspricht es mehr? Wird es mehr beneidet als verehrt?
Als ein finsteres Gesicht mit hängenden Mundwinkeln und zugekniffenen Augen auftaucht, läuft es dem Beobachter kalt den Rücken herunter. Welche Laus ist denn über dessen Leber gelaufen?
Ein weiterer Passant zeigt ein unbewegliches Gesicht mit leerem Blick. Kann oder will er keine Gefühle zeigen? Ist er geistig ausgepumpt, seelisch leer?

Ein Gesicht, das weiß der Detektiv, kann ein Dolmetscher der inneren Gefühlswelt sein, der das Unsichtbare ins Sichtbare übersetzt und die Gemütslage eines Menschen verrät. Und natürlich spiegelt das Gesicht auch Lebensspuren wider.

Doch ein Detektiv findet nur Hinweise, keine Beweise. Er muss deuten und kann sich irren.
Denn gibt es nicht auch ein Pokerface, um sich nichts anmerken zu lassen? Ein offenes Gesicht mit Münzautomatenlächeln, das täuscht und hinters Licht führt? Und kann nicht eine Person mehrere Gesichter haben, die wechseln?

Dennoch: „Gesicht zeigen und ins Gesicht sehen" ist eine wichtige Quelle des Vertrauens. Jeder hat ein einziges sowie einzigartiges Gesicht, das mit dem Gesicht der stillenden Mutter eine erste sowie grundlegende Erfahrung gesammelt hat. Liebende Blicke und ein lächelndes Gesicht der Mutter haben Vertrauen ermöglicht. Böse Blicke hätten geängstigt.

Und wer in das Angesicht seines Schöpfers blickt, kann - ob nun als Detektiv oder Passant - stets und unabhängig von seinem Gesichtsausdruck seine Einmaligkeit, Würde und Verantwortung entdecken. Und wer gleichgültig oder abweisend wegschaut, wird dennoch mit liebenden Augen angesehen.

Brunnen

Um 1968

In einen Brunnen blicken? Ist es nicht attraktiver, auf sein Smartphone zu schauen oder vor dem Fernseher zu sitzen? Ein Buch, eine Zeitung zu lesen? Seine Blicke in einem Konsumtempel oder in der Natur schweifen zu lassen? Seine Mitmenschen lieber von unten nach oben anhimmeln, auf sie von oben nach unten herabschauen oder ihnen freundlich ins Gesicht sehen?

Ein persönlicher Blick in den Brunnen der Geschichte und Geschichten: Um 1968 herum erlebte ich als 15jähriger wie „Heiligtümer" immer mehr ins Blickfeld geraten. Viele sind stolz auf ihr Auto, das regelmäßig ziemlich pedantisch poliert wird. Ein Urlaub in den Süden gehört zum Pflichtprogramm eines Jahres, zum guten Essen nicht länger nur eine Bratwurst. Der moderne Massenkonsum mit steigendem Wohlstand macht den Kühlschrank, den Staubsauger und den Farbfernseher erschwinglicher. Das Dreigestirn von Sex, Drogen und Beatmusik geistert durch die Kulturlandschaft und weckt Entdeckerlust, aber auch Enttäuschungen. Der Wertewandel ist im vollen Gange. Die einseitige Präge- und Gestaltungskraft der Kirchen sowie autoritärer Strukturen und Personen fängt an zu verdunsten. Die Türen öffnen sich für mehr Demokratie, mehr Gleichberechtigung und mehr Bildungschancen für alle.

Beim Deutschen Turnfest in Berlin erlebte ich 1968 eine Großdemonstration gegen den Vietnamkrieg und die USA auf dem Kurfürstendamm. Den Ruf der Demonstranten mit ihren roten Fahnen „Ho-, Ho-, Ho-, Chi-

Minh“, aber auch die geballten Fäuste und die fliegenden Steine können nicht aus meiner Erinnerung gelöscht werden.

Es war für mich die Geburtsstunde eines persönlichen Leitbildes.

Straßendemokratie mit Freund-Feind-Bildern und Intoleranz? Nein danke!

Eine *autoritäre Demokratie* mit Kommandosprache, nervigem Drill und ständiger Kontrolle war auch nicht mein Ding.

Eine *politisierte Demokratie* mit totalitärem Gehabe, humorloser Aufgeblasenheit, egalitären Sprüchen („Freiheit und Vielfalt“!), aber elitärem Verhalten („Wehe, einer widerspricht“), kam für mich nicht in Frage, weil ich ein Leben jenseits der (Partei-)Politik schätzte und ich mir meine Freunde ohne politische Schubfächer und Etiketten aussuchen wollte.

Meine Grundüberzeugung verdichtete sich langsam: Eine *offene Gesellschaft* mit menschlichem Gesicht und einem Kompass christlicher Werte, die auch Nichtchristen bejahen konnten, wie Würde und Freiheit, Vertrauen und Verantwortung wurde zu meinem Zukunftsmodell auf der Grundlage des liberalen Rechtsstaates und der sozialen Marktwirtschaft.

Manchmal hilft ein Blick in den Brunnen der eigenen Geschichte, um sich zu vergewissern, aus der Vergangenheit zu lernen und die Gegenwart besser zu verstehen.

Wer darüber hinaus aus dem Brunnen seiner oder der Geschichte allgemein schöpft, erhält nicht nur neue Orientierung, sondern auch Kraft.

Und kann besser die Gegenwart für die Zukunft gestalten.

Jesus

Kein geistiger Selbstbetrug

War er ein Mensch, der Weisheiten und Geheimnisse lehrte? Und später von seinen Anhängern vergottet und angebetet wurde? Oder war er der Gesalbte, den Gott von den Toten auferweckt hat. Und sich dann selbst als der Auferstandene offenbart hat?
„Du bist der Christus", hat Petrus nach dem Markusevangelium über Jesus gesagt. Und nach dem Matthäusevangelium fügte der Apostel noch hinzu: *„des lebendigen Gottes Sohn"*.
Für Paulus steht fest, dass er der *„auferstandene Gekreuzigte"* ist. Für die Predigt und den Glaubenden sei das das Entscheidende, wie er in einem Brief an eine Gemeinde schreibt: „Ist aber Christus nicht auferstanden, so ist unsere Predigt vergeblich, so ist auch euer Glaube vergeblich. Nun aber ist Christus auferstanden von den Toten als Erstling unter denen, die entschlafen sind."
Der Koran vertritt da eine ganz andere Auffassung. An Stelle Jesu sei „eine ihm ähnliche Gestalt" gekreuzigt worden. Und in Sure 5, 17 werden Christusgläubige sogar als „ungläubig" bezeichnet.
Selbst für die ersten Christen war die Nachricht von der leibhaftigen Auferstehung Jesu zunächst unfassbar, ja „Geschwätz". Die vergebliche Suche nach dem Leichnam Jesu löste Furcht und Entsetzen aus. Erst in der Begegnung mit dem Auferstandenen erlebten die „Zugeknöpften" wie die Emmaus-Jünger wie der Geist Jesu Christi ihnen ihre Augen und Ohren öffnete – und sie jetzt seine Worte verstanden und sein Leben mit Sinn deuten konnten. Aus ihrer Frage „Wer war eigentlich dieser Jesus, mit dem wir zusammen waren?" wurde die

Aussage „Jesus Christus bedeutet mir etwas für mein Leben".

Noch heute bezeugen Christen, ohne zu schwärmen oder zu frömmeln, ganz persönlich: Gottes unsichtbare Hand, die ich im Vertrauen auf Jesus Christus ergreife, befreit mich aus dem Sumpf der Gottesferne. In der schöpferischen Hand Gottes bleibe ich stets geborgen, auch am Ende meines Lebens. Mitten in meinem Leben erfahre und begreife ich neues Leben, indem ich mit meinen Händen gegen den vermeidbaren Tod kämpfe und loszulassen lerne, um den unvermeidbaren Tod vertrauens- und hoffnungsvoll anzunehmen.

Diese Beziehungswahrheit, die Gewissheit der Auferstehung Jesu, schenkt die Gewissheit der eigenen Unsterblichkeit. Sie ereignet sich nicht durch historische Protokolle, theologische Ausführungen oder religiöse Wunschprojektionen, auch nicht durch das Fürwahr-Halten frommer Sätze oder durch moralisches Verhalten. Es ist Gott selbst, der den vergänglichen Menschen geschaffen hat, und ihm seinen Geist der Liebe und die Frucht der Ewigkeit schenkt.

Alles nur ein geistiger Selbstbetrug, Lug und Trug? Aber gehören zum ganzen Leben nicht auch das Weinen und Lachen, das Sterben und Geborenwerden dazu? Gibt es etwa keine gelebte Liebe, keine unverlierbare Würde, weil sie rational letztendlich nicht erklärbar sind? Für die Auferstehung kennen die Quellen keine Beweise. Aber es existieren viele glaubwürdige Hinweise.

Und zu Ostern können aus Erinnerungen an den gekreuzigten Jesus persönliche Begegnungen mit dem auferstandenen Christus werden, die Menschen froh- und neu machen. Dass sie bekennen: „Er ist wahrhaftig auferstanden". Und der Glaube an das Leben hat über den Tod gesiegt.

Kirche

Geistliche Heimat?

Ein Mensch, bislang religiös unmusikalisch, sucht eine geistliche Heimat. Er bittet einen Pfarrer um einen Termin.

In der Nacht vor dem Treffen hat er einen Traum.

In einer Kirche trifft er einen kritischen Geist, der ihn fragt: „Was wollen sie denn hier?" Er antwortet: „Ich suche eine religiöse Heimat." Der kritische Geist schaut ihn ein wenig ungläubig an: „Hier in der Kirche gibt es vor allem Gottesdienste. Und unser Pastor predigt vor leeren Bänken".

Als wenn der suchende Mann bei dem kritischen Geist Schleusen geöffnet hätte, folgt eine Flut von weiteren spitzen Urteilen und gefestigten Vorurteilen, persönlichen Unterstellungen und verdrehten Wahrnehmungen: Das Leben des Pastors, seine religiöse Arroganz und seine soziale Inkompetenz, würden so laut sprechen, dass man die Botschaft des Evangeliums kaum noch höre. Im Gemeindehaus gebe es viele Gruppen und Kreise; aber es sei wie bei einer geistlosen Maschine, selbst wenn sie laufe, bleibe sie totes Material. In der Gemeindearbeit engagierten sich viele Mitarbeiter; aber unter dem frommen Mantel der Geschwisterlichkeit gebe es auch Tritte gegen das Schienbein und Schläge unter die Gürtellinie. Im Kirchenamt, wo er vor Wochen gewesen ist, sei er wie in einer weltlichen Behörde behandelt worden; ihn nerve Geltungssucht und Machtgehabe, Ordnungswut und Verwaltungswahn. Und dann erzählt er noch frustriert von seinem letzten Aufenthalt in einem kirchlichen

Krankenhaus. „Ich bin wie eine Nummer behandelt worden. Die Marke war nur Maske".

Am folgenden Tag stellt der suchende Mensch im Gespräch mit dem Pfarrer viele Fragen. Kann es sein, dass Gott in der Kirche nur noch ein Überraschungsgast ist? Dass Jesu Botschaft im Leben der Christen kaum noch eine Rolle spielt? Dass sich der Geist Christi vom Acker gemacht hat?

Der überraschte Pfarrer versucht zu erklären. Christen seien auch nur Menschen, aber sie würden sich zu Gott als den Schöpfer, als den Sohn und als den Heiligen Geist bekennen. Die Lehre von der Dreifaltigkeit Gottes bedeute keine Leere, sondern habe eine lebenspraktische Bedeutung, da sie Menschen erneuere. Denn die „Liebe Gottes" sei kein Süßholz, weil Gott selbst in der Person Jesu die Not aller Menschen erfahren habe. Und weil der Geist Christi noch heute Herzen entzünden könne.

Nachdenklich verlässt der suchende Mensch das Pfarrhaus. Nur formelhafte Antworten? Nur vorgefertigte Weisheiten? Oder steckt doch ein Fünkchen Wahrheit in den Aussagen?

In der folgenden Nacht hat er wieder einen Traum.

Auf dem Altar, wo sonst die Bibel liegt, befindet sich eine Geige. Ein Spieler, der wie ein Prediger aussieht, ergreift die Geige und fängt an, leidenschaftlich ein einzigartiges Lied von göttlicher Liebe und menschlicher Würde, von verantwortbarer Freiheit und vom Trost in der Ohnmacht zu spielen. Alle Zuhörer, unter ihnen viele kritische Geister, fühlen sich von dieser Melodie berührt, die hilft, die unterschiedlichen Geister durch kritische Reflektion und biblische Deutung zu unterscheiden. Und die sogar Menschen religiös musikalisch macht, indem sie mit seiner Botschaft verschmelzen und für andere „mitsingen", das heißt Verantwortung wahrnehmen.

Am nächsten Morgen ist sich der Mensch gewiss, wo er weiter suchen muss: Wo im Namen des Dreieinigen Gottes versöhnte und zu versöhnende Vielfalt in der Einheit gelebt wird, wo um „weltliche Dinge" in der göttlichen Bewegung sachlich, fair und kompromissbereit gerungen wird, aber die Melodie des göttlichen Zuspruches und Anspruches stets unüberhörbar bleibt – da, als lebendiger Ast eines kirchlichen Baumes mit Wurzeln und Früchten, soll seine geistliche Heimat mitten im pulsierenden Leben sein.

Reformation

Gott keine Modeerscheinung

Geht der alten Dame die Puste aus, weil ihr die Kraft zur
Rundumerneuerung fehlt?
Im Jahre 1517 jedenfalls wurde sie von Martin Luther
scharf angegriffen. Im Feuer der Kritik standen ihr vermeintlich heuchlerisches Getue, ihre Verdummungsver-
suche und ihr Geschäftsgebaren; äußerlich der Verkauf
von Ablassbriefen und die Käuflichkeit kirchlicher Äm-
ter. Für Luther redete die alte Dame zwar von Gott, aber
nicht mit Gott. Und der „glühende Backofen voller
Liebe", so der Reformator über Gott in einer Predigt aus
dem Jahre 1522, lasse sich auch nicht kaufen.

Dem streitbaren und provozierenden Kämpfer gegen
kirchliche Würdenträger waren insbesondere die *Bibel*
wichtig - kein Rezeptbuch für das Verhalten, wohl aber
geistliche Quelle und ethischer Kompass - ; die *Gnade* -
kein leeres Versprechen, wohl aber die Gewissheit der
bedingungslosen Annahme durch Gott - ; der *Glaube* -
kein blindes Gefühl, wohl aber der Schlüssel des Menschen zum Evangelium - ; *Jesus Christus* - kein Religions-
stifter, wohl aber menschlicher und zugleich göttlicher
Spiegel der universellen Liebe Gottes.

Lebt heute in der „alten Dame", die alle Konfessionen als
Kirche Jesu Christi verkörpert, das Anliegen Luthers und
der Reformation fort?
Oder ist sie vor allem mit der Verwaltung des Erbes be-
schäftigt, mit Gremienwirtschaft, Behördenstruktur,
Machthierarchien, mit sich selbst?

Passt sie sich ängstlich jeder neuen Mode an und holt das Kleid der Verkündigung nur selten aus dem Schrank ursprünglicher Aufgaben?

Wird sie als Moraltante wahrgenommen, die Zensuren erteilt, deren Stimme in der Öffentlichkeit höchstens geduldet, jedoch nicht ernstgenommen wird?

Plustert sie sich als kirchliche Managerin eines sozialen Marktriesen auf, weil sie meint, noch effizienter agieren zu können, und Nächstenliebe nur übt, wenn sie sich rechnet?

Die alte Dame ist aber noch nicht am Ende ihres Lateins, wenn sie ihre geistlichen Wurzeln neu- oder wiederentdeckt. Ihre größten Feinde sind Verwaltungsmentalität und Selbstverweltlichung, Selbstgerechtigkeit und Gleichgültigkeit, Mittelmäßigkeit und Realitätsverlust, vor allem jedoch Unglaube und Kleinglaube, nicht mit Gottes Handeln zu rechnen.

Doch wie kommt ein neuer moderner Geist in die alte schwerfällig gewordene Dame?

Indem man in ihr Gesicht mit den Falten der Erinnerung, aber auch den klaren Augen blickt - und sich darin selber entdeckt. Denn Kirche besitzt niemand, vielmehr ist jeder Kirche. Die Erneuerung der Kirche fängt beim einzelnen an, der mit Gott und den Menschen durch den Glauben, die Bibel, die Gnade und den Geist Jesu Christi in Verbindung bleibt.

Die alte und zugleich junge Dame bleibt dann keine langweilige Amtskirche ohne Fußvolk, keine Haus- oder Nischenkirche, sondern wird eine begeisterte Kirche Jesu Christi, die Schritt halten kann und andere suchende und dienende Christen begeistert. Sie braucht keine äußere Gesichtsstraffung, wohl aber ein neues und gelebtes Grundvertrauen in Gott, der an ihr und durch sie in der Welt und für die Welt handelt und deshalb als ewiger Erneuerer nie aus der Mode kommt.

Kreuze

Hinweis auf Würde

Gibt es einen Kreuzzug gegen Kreuze? Aber wegen des Kreuzes die Klingen kreuzen? Besser vor dem mächtigen Zeitgeist, der am liebsten alle religiösen Zeichen aus der Öffentlichkeit verbannen will, zu Kreuze kriechen? Und kann man sich für das öffentliche Tragen des Kopftuches und gleichzeitig gegen das Aufhängen von Kreuzen in öffentlichen Gebäuden einsetzen?

Einzelne Zeitgenossen schaffen es, Doppelmoral als Toleranz aussehen zu lassen oder die Deutungshoheit über religiöse Symbole für sich zu reklamieren.
Wieder andere passen sich ängstlich an, indem sie ihr Amtskreuz als Erkennungszeichen ablegen, um nicht anzuecken. Tragen sie es nur dann, wenn sie Hochachtung erwarten (können)? Erscheint das „äußere Bekenntnis", das Inneres und Repräsentatives zeichenhaft widerspiegeln sollte, zum Beispiel im Ausland als „Ärgernis", das es zu verstecken gilt?

Dabei kann das Kreuz in der europäischen Öffentlichkeit an einen Baum erinnern, dessen wichtigste Wurzel die Würde eines jeden Menschen ist. Sie hat sich im christlichen Boden des Glaubens an die Gottesebenbildlichkeit des Menschen entwickelt. In jedem Menschen leuchtet dann das Gesicht des unverfügbaren Gottes auf. Keiner verliert dieses Gesicht, weil keiner – weder der Staat noch eine Religion noch eine Weltanschauung noch die Person selbst – der Schöpfer aller ist, letzte Verantwortungsinstanz.

Wer sich deshalb für das Kreuz als Zeichen der Würde aller im öffentlichen Raum engagiert, spaltet nicht die Gesellschaft, sondern stiftet Einheit auf der Grundlage des Grundgesetzes, das selbst viele christliche Bezüge, vor allem den Würdebezug kennt.

Damit diese Erinnerung lebendig bleibt und an die nächsten Generationen weitergegeben werden kann, muss der Boden des Verfassungsbaumes gepflegt und gestaltet werden. Er braucht das Wasser der Werte wie Meinungs-, Versammlungs-, Religions-, Kunst- und Wissenschaftsfreiheit, der Gewaltenteilung, der Gleichberechtigung und Verantwortung, der Subsidiarität und Solidarität, aber auch Institutionen wie Bildungs- und Kultureinrichtungen und Religionsgemeinschaften.

Das Zeichen des Kreuzes in den öffentlichen Gebäuden muss nicht gleichzeitig und exklusiv als ein christliches Heilssymbol wahrgenommen werden, wenn für den einzelnen – den Andersgläubigen oder Nichtgläubigen - eine „flüchtige Begegnung" möglich ist. Und kirchliche Kreuz- und Würdenträger müssen nicht mit sich selbst über Kreuz liegen.

Der Staat des Grundgesetzes ist weltanschaulich neutral, aber nicht wertneutral. Er darf sich von keiner Religionsgemeinschaft oder Weltanschauung vor den eigenen Karren spannen lassen. Und umgekehrt muss sich eine Religionsgemeinschaft auch nicht vom Staat fesseln lassen, wohl aber ist sie an Recht und Gesetz gebunden. Zur Religionsfreiheit gehört es, dass jeder einzelne seine Religion in der Öffentlichkeit im Rahmen der Gesetze leben oder nicht leben darf. Religionswahl,- wechsel,- abkehr oder –verneinung gehört zum Wesen des liberalen

Rechtsstaates. Und dieser Staat ist frei, Kreuze als kulturelle Identitätshinweise öffentlich zu fördern.

Wer allerdings an dem Ast der staatlichen Freiheit sägt, sollte nicht vergessen, dass er ausgerechnet auf diesem Ast sitzt. Wer demgegenüber die Wurzeln des Baumes pflegt, gewinnt die Einheit vieler Äste sowie die Frucht vielfältiger Freiheit und gegenseitiger Toleranz zugunsten der Entwicklung des gesamten Baumes.

Auch den Mut, sich glaubwürdig – ohne Instrumentalisierung und ohne Selbstaufgabe - in der Öffentlichkeit für das Kreuz als Zeichen christlicher und humaner Werte zu bekennen und damit für die Würde aller „Verantwortung vor Gott" (Grundgesetz) zu übernehmen.

Leiden

Klopfen im Gefängnis

Gibt es Gefängnisse auch ohne sichtbare Mauern? „Ich fühle mich wie eingesperrt", klagt eine fromme Frau, die plötzlich und ohne Schuld schwer krank geworden ist. „Ich weiß nicht, wie es weitergehen soll", seufzt die Pfarrerin. Ihr Verhältnis zu Gott, das so vertraut, so bewährt, so vertrauensvoll gewesen ist, scheint brutal beendet, zerstört, vergiftet.

Immer heftiger klopft sie gegen die Zellenwand. „Wo bist du Gott? Habe ich etwas falsch gemacht? Willst du mich bestrafen? "

Das Grübeln der Seelsorgerin kennt kein Ende. Sie überhört den „guten Ratschlag" „Reiß dich zusammen! Sei nicht undankbar!" Auch „fromme Worte", die gut gemeint sind, sich gut anhören, aber nur geistige Seifenblasen erzeugen, können sie nicht mehr erreichen.

Dennoch, sie lässt nicht locker: Der Adressat ihres wütenden Klopfens bleibt Gott.

Später erzählt die Pfarrerin, dass sie einmal ein leises Zurückklopfen an ihrer Klagemauer wahrgenommen habe. Wie ein Klopfzeichen von außen sei ihr das Wort vorgekommen, dass sie in der Bibel las: „Vater, in deine Hände gebe ich meinen Geist."

Diesen Satz betete der leidende Jesus vor seinem Sterben. Er hatte sein Leiden nicht zur Schau gestellt, auch nicht in sich hineingefressen, auch nicht mit allen Mitteln zu bekämpfen versucht. Er nahm vielmehr sein offenbar nicht zu änderndes Leid hoffnungsvoll an, indem er sein Schicksal Gott selbst anvertraute.

Und – fragte sich die Pfarrerin - könnte es im Blick auf Jesus auch für mich erfahrbar sein, dass Gott aus meiner Unmöglichkeit, aus dem Gefängnis des Leidens herauszukommen, seine Möglichkeit macht? Dass Gott in meinem Gefängnis mit seiner liebenden sowie schöpferischen Macht - trotz allem und dennoch - anwesend ist?

Die Zellenwand, die sie von Gott trennte, war für sie durch ein leises Klopfzeichen zugleich zu einer Verbindung geworden.

Und den Schlüssel des neuen Gottvertrauens hatte sie in ihrem unsichtbaren Gefängnis gefunden - in sich selbst.

Trost

Traurige Seele

Wie findet die traurige Seele Trost?

Wie gelähmt, aber auch sprachlos und fassungslos sowie hilflos sitzt sie auf einem Stuhl mit vier Beinen. An einem Stuhlbein sägt der Zweifel, an einem anderen die Angst, am dritten die Ohnmacht, am vierten die Wut. Der Stuhl verliert langsam sein Gleichgewicht.

Gibt es denn keine Hoffnung angesichts des Todes eines geliebten Menschen?

Der Stuhl, auf dem die traurige Seele sitzt, fängt an zu wackeln, wird immer unsicherer.

Weisheiten wie „Die Zeit heilt Wunden" oder ein Schulterklopfen, selbst Umarmungen geben ihr kaum noch Halt. Existenzieller Schwindel und inneres Kopfschütteln erzeugen Sätze wie „Die verstorbene Seele ist in die Welt der Seligen eingetreten", „Sie hat sich in einen anderen Körper verwandelt" oder „Sie ist in den Kreislauf der Natur zurückgekehrt".

Denn der Tod hat ihr Leben brutal durcheinander- und auseinandergebracht. Er war für sie kein siegreicher Befreier von unsäglichem Leid und ohnmächtiger Hilflosigkeit. Kein weiser Lehrer der Vergänglichkeit und Gleichheit aller. Kein geschickter Zauberer, der eine schöne Vertröstung aus dem Hut zaubert, aber gefühllos bleibt. Deshalb sitzt die traurige Seele immer noch auf dem Stuhl. Sie hört viele Stimmen um sich herum.

Einmal flüstert eine Stimme: „Hab Vertrauen zu mir und ergreife meine Hand. Ich halte dich." „Aber wo ist denn diese unsichtbare Hand"? fragt sich die Seele. „Und wenn ich ins Leere greife"?

Doch die Stimme bewegt sie. Dennoch Vertrauen wagen?! Aufstehen und den Stuhl verlassen?!

Die traurige Seele, die mit dem geliebten Verstorbenen „alles" verloren und selbst „nichts mehr" zu verlieren hat, gibt sich einen Ruck, erhebt sich langsam vom Stuhl.

Wächst Vertrauen? Oder zerstören Zweifel, Angst, Ohnmacht, Wut das vorsichtige Aufstehen?

Doch indem die Seele der Stimme immer wieder Vertrauen schenkt, ist es so, als wenn eine ohnmächtige Hand eine mächtige Hand ergreift, die aufrichtet und führt.

Die traurige Seele atmet tief durch. Kehrt nicht zu ihrem Stuhl zurück, sondern wagt voller Trost, weil sie sich getragen von der liebenden Hand Gottes weiß, kleine Schritte ins neue Leben.

Denn sie lebt in der Gewissheit, dass der geliebte Verstorbene auch in dieser Hand geborgen ist.

Befreien, nicht fesseln

Auf welche Stimme hören wir?

Eine haucht ins Ohr „Ich liebe dich." Und will doch nur verführen.
Eine andere verschafft sich immer häufiger Gehör „Ich liebe nur mich." Und vergisst seine eigene Hilfsbedürftigkeit.
Eine flüstert immer lauter „Keiner liebt mich." Und weckt Unzufriedenheit.
Eine versucht einzureden „Es ist alles erlaubt." Und führt dabei aufs Glatteis.
Wieder eine brüllt „Du hast zu gehorchen". Und verbreitet Angst.
Eine schmeichelt „Dein Erfolg!" Und trieft vor Neid. Eine keift „Dein Fehler!". Und pocht auf ihr Recht. Eine mächtige Stimme ruft zunächst „Hurra!", viele applaudieren. Und dann senkt die gleiche Stimme den Daumen „Weg mit ihm!" Und viele tuten ins gleiche Horn.
Eine hinterhältige Stimme behauptet „Den du anhimmelst und verteidigst, der hält nichts von dir.", sät damit Zweifel „Sollte die Person das wirklich gesagt haben?" Und schafft es, dass Misstrauen und Abneigung aufkeimen.

Versagt in diesem Stimmengewirr die eigene Stimme?

Weil sie die Ohren auf Durchzug stellt oder zuhält? Den Schnabel hält, weil sie ohnehin nicht gleichzeitig auf mehrere Stimmen hören kann?
Hilft vielleicht eine mutige Stimme, die klug handelt?

Der griechische Held Odysseus widerstand den verführerischen Stimmen der Sirenen, Fabelwesen, die vorbeifahrende Seeleute mit Lockrufen betören wollten, um sie zu vernichten. Er verstopfte die Ohren seiner Männer mit Wachs und ließ sich selbst am Schiffsmast mit Seilen binden. Keiner sollte schwach werden, ins Wasser und damit in sein Unglück springen.

Doch reicht das aus, wenn man vor spaltendem und zerstörerischem Süßholz die Ohren verschließt? Oder sich nur an den Mast von Grundsätzen der Solidarität fesselt?

Jesus, der die Stimme Gottes zu sein beanspruchte, ging einen neuen Weg. Er wollte befreien, nicht fesseln; aufklären, nicht weghören; lieben, nicht heucheln. Sein Maßstab war nicht die Attraktivität und Überzeugungskraft oder Boshaftigkeit und Verlogenheit einer Stimme, sondern die eigene Verantwortung, die der Mensch vor Gott, in der Bindung vor seinem Schöpfer trägt sowie vor dem Nächsten, der durch die Befreiung von Fesseln eine mündige Stimme bekommt.

Die Stimme Jesu ist nicht verstummt. Sie kann auch heute noch das Zweideutige eindeutig entlarven und eine glaubwürde Stimme hörbar machen.

Und selbst eine ohnmächtige Stimme durch liebende Vernunft zum Sprechen bringen.

Vernunft

Farbe bekennen

Immer nur zur harmonischen Musik in Reih und Glied marschieren? Es möglichst allen recht machen? Für alles offen sein?

Ok?! Aber sich dann nicht wundern, wenn man auf Dauer von niemandem mehr so richtig wahr- und ernstgenommen wird. Dass gähnende Langeweile herrscht. Oder dass man plötzlich zwischen allen Stühlen sitzt, wegen vieler Angriffsflächen.

Wer überleben will, muss sich auch anpassen können — aber möglichst nicht um jeden Preis, zum Beispiel um den Preis persönlicher Rückgratverkrümmung und der Selbstaufgabe oder der Zementierung der Verhältnisse.

Es gibt eine Alternative: Man kann versuchen, Brücken zum Andersdenkenden zu schlagen, ohne ins Schwimmen der Beliebigkeit zu geraten; Segel zu setzen, die Argumente anderer bedenken, ohne das Ruder der Verantwortung aus der Hand zu geben; mit dem Florett zu fechten, seine Überzeugungen vertreten, ohne zum Holzhammer der Selbstgerechtigkeit greifen zu müssen.

Wohl wissend, dass niemand die Wahrheit gepachtet hat, weil es nur Wahrheiten gibt. Dass es nichts gibt, was allen gefällt. Dass einfach Abtauchen in den angeblichen Geschmack der meisten Menschen gefährlich ist, wegen Luftmangel bzw. Perspektivlosigkeit.

Erst die Suche nach tragfähigen und nachhaltigen Lösungen zum gegenseitigen Nutzen und zum Wohle aller eröffnet neue Möglichkeiten - immer gebunden an gemeinsame Werte wie Fairness und Wahrhaftigkeit, Toleranz und Kompromissbereitschaft, Empathie und Wehrhaftigkeit.

Um Ziele zu erreichen, müssen Werte gelebt werden. Muss der einzelne auch mal aus der Reihe tanzen, um in Würde und Freiheit Farbe zu bekennen. Damit aus verschiedenen Farben ein hoffnungsvolles Bild wird, das im gegenseitigen Vertrauen selbst bei schräger Marsch- und Begleitmusik alle Verantwortlichen bewegt.

Damit die Wirklichkeit „fit" für die Zukunft wird. Und die Vernunft das letzte Wort behält.

Meinung

Wahrheitssuche

Sich eine eigene Meinung bilden?
Auf dem Marktplatz der Meinungen gibt es viele Angebote. Und vor allem die Qual der Wahl.
An einem Stand versuchen glänzende Kostbarkeiten, die Augen zu verführen. An einem anderen Stand sind alte Kamellen neu verpackt. Soll man nur das herauspicken, was man ohnehin kennt und mag? Oder weiter nach billigen Schnäppchen Ausschau halten?
In einer Buchstabensuppe von Besserwissern kann der rührende Löffel nur wenige Buchstaben herausfischen. Und auch Haare in der Suppe finden, die nicht selten durch das Kopfschütteln der Besserwisser in die Suppe gelangt sind.
Der Brei von Alleswissern ist durch selbstgerechte Deutungshoheit und Einseitigkeit ungenießbar geworden, weil Tatsachen und Meinungen, Lüge und Wahrheit nicht mehr unterscheidbar sind. Und dem Hungrigen bleibt der Kloß im Hals stecken, weil er entdeckt hat, dass Alleswisser nur ihr eigenes Süppchen kochen.

Ist es vielleicht doch besser, keine Meinung zu haben oder sie nicht zu äußern und zu verschweigen? Einfach das essen, was durch die Mehrheitsmeinung der Nachbarschaft, des Freundeskreises, des Partners, der Medien auf den Tisch kommt, auch wenn man es nicht bestellt hat oder mag?

Manche irren ahnungslos oder gleichgültig auf dem Marktplatz umher. Wieder andere unterdrücken ihre wahren Hungergefühle und lassen sich mit weltanschaulichen Billigprodukten abspeisen. Oder versuchen, wütend und frustriert Sündenböcke vom Platz der Meinungsbildung zu vertreiben.

Bei einem Lebensmenü der nach den Wahrheiten Suchenden können jedoch verschiedene Gänge unterschieden werden:

Der Gang des *Wissens*: Es müssen keine hingeworfenen und leicht verdaulichen Wissensbrocken von Rattenfängern sein, wohl aber ermöglicht eine wachsende Wissensgrundlage, Vorurteile und Feindbilder zu überwinden und Licht in eine finstere Gerüchteküche zu bringen.

Der Gang des *Gewissens*: Es werden keine einfachen oder pauschalen Rezepte angeboten, wohl aber steuert und gestaltet der Kompass der Werte und Normen sowie der Qualitätsmaßstäbe das Wissen und schafft begründete und differenzierte Urteile. Ein Nachtisch kann auf der Zunge zergehen, auch wenn die Vorspeise misslungen war.

Der Gang der *Gewissheit*: Er ist für alle Gänge wichtig, weil er keine falsche Selbstsicherheit schenkt, wohl aber neues Grundvertrauen. Denn selbst harte Fakten, eine lückenlose Qualitätsprüfung, die Beantwortung aller Fragen durch einen Koch schaffen nicht automatisch Vertrauen in seine Kochkunst. Was an Misstrauen an der Seele klebt, muss zuvor entfernt werden. Damit aus einer fremdbestimmten Marionette ein selbstständig und unabhängig denkender Partner auf Augenhöhe wird, der einen Mund hat, mündig, fair, tolerant und eigenverantwortlich handeln kann. Und den Hunger nach einer verantwortbaren Meinung immer wieder neu stillt.

Wahrheit

Kurze oder lange Beine

Sind aus „kurzen Beinen" „lange Beine" geworden?

Gibt es überall nur noch lange Gesichter, weil man Sein und Schein nicht mehr unterscheiden kann? Haben es perfekte Shows geschafft, dass sich die Balken biegen und das Haus einer Bluff-Gesellschaft einzustürzen droht?

Die Verunsicherung ist groß: Einer schaut einem anderen tief in seine Augen. Aber sieht er die Wahrheit, vor allem sagt der andere die Wahrheit? Einer wirkt unsympathisch und ungepflegt. Aber muss er deshalb lügen, tricksen und betrügen?

„Fake News" (erfundene Nachrichten) und „alternative Fakten" (falsche Tatsachenbehauptungen) scheinen nur die Spitze eines Eisberges zu sein. Unter der Oberfläche des sozialen Lebens tummeln sich viele Wahrheiten und Lügen, die plötzlich auftauchen und schnell wieder verschwinden können. Manche wirken zerstörerisch, andere sind verzeihbar. Immer jedoch ist das Vertrauen herausgefordert.

Höflichkeitslügen („Wie geht`s?" „Ganz gut"), jemandem spontan nichts über seine Krankheit erzählen zu wollen, um die fröhliche Atmosphäre einer Feier nicht zu beeinträchtigen, ist nachvollziehbar und sogar rücksichtsvoll. Ebenfalls Notlügen in einer Grenz- und Ausnahmesituation, wenn Schweigen und Ablenkung keine Alternativen sind, um eine Person nicht zu verletzen, ihr eine

Resthoffnung zu lassen und die Not in den Blick zu nehmen.

Aber sind alle (Alltags-) Lügen wirklich immer nötig, notwendig? Wenn zum Beispiel ein Arzt den Patienten nach der regelmäßigen Einnahme von Tabletten fragt. Ein Lehrer den Schüler nach den Quellen seiner Ausführungen in dem Referat. Ein Richter den Zeugen nach seiner Wahrnehmung des Falles. Ein Mann seine Frau – und umgekehrt – nach Wünschen.

Vor allem eiskalte und heiße Lügen mit Gewaltpotential sollten entlarvt werden.

Heiße Lügen treiben ihr Unwesen beispielsweise in einer Gerüchteküche, wenn ein Koch mit Misstrauen und Angst, Halbwahrheiten und Unwissenheit, Hass und Bosheit einen diskret indiskreten Lügenbrei herstellt, um einen anderen Menschen zu ruinieren.

Eiskalte Lügen im Flurfunk eines Unternehmens, wenn hinter dem Rücken einer Person aus einer Mücke ein Elefant gemacht wird, ein Wahrheitsgehalt im Lauffeuer einer verschworenen Gemeinschaft immer schlimmer und verfälschter wird – zu Lasten und auf Kosten eines Menschen.

Die manchmal heiße, manchmal eiskalte Lüge als Mittel in der Öffentlichkeit, um Erfolg zu haben oder Misserfolg zu vermeiden, lebt von gezielten Übertreibungen oder Untertreibungen, um andere Personen oder Gruppen in ein „dunkles" Licht und sich selbst ins „helle" Licht zu stellen.

Nicht alle Personen des öffentlichen Lebens sind über einen Kamm zu scheren. Aber auch nicht alles, was sie tun oder unterlassen, ist unter den Teppich zu kehren.

Alle jedoch sollten damit anfangen, die Bosheit, den Neid und die Missgunst vor der eigenen Tür zu entfernen. Und in der Öffentlichkeit Hemmschwellen aufbauen, damit Mitmenschen durch falsche Behauptungen und üble Nachrede nicht verächtlich gemacht werden.

Wahrheitsfanatikern und Tugendwächtern, aber auch Otto-Normalverbrauchern traut der christliche Glaube zu, die Lebenslüge, ohne Gott oder sogar gegen Gott leben zu können und Sinn zu finden, zu überwinden, und mit und vor Gott sinnvoll leben zu wollen: Nicht einfach zu schweigen oder mit den Wölfen zu heulen, wenn durch Lügen die Würde eines Menschen mit Füßen getreten wird.

Und bei der Wahrheitssuche sich dem Geist der Liebe und der Verantwortung zu öffnen. Denn Lügen haben kurze und lange Beine. Aber richtig laufen, richtig glücklich werden, kann ein Mensch nur mit zwei Beinen, mit Wahrheit *und* Liebe.

Macht

Größe im Kampf

Eine heile Welt scheint es nur im Märchen zu geben. Eine Welt ganz ohne Gekränktheit, Eifersucht und Rachsucht gibt es nicht.

Aber kann man in einer heillosen Welt Größe zeigen?

Zum Beispiel in Parteien, wenn offene oder heimliche Machtkämpfe toben? Wenn Intriganten mit Pokerface und einem Lächeln auf dem Gesicht ihre Konkurrenten ins Messer laufen lassen, Heckenschützen versteckt im Hintergrund, Maulwürfe im Untergrund agieren? Oder Strippenzieher und Wasserträger auf ihre eigene Chance warten und sich tief verletzt fühlen, wenn sie „Opfer" geworden oder wie eine heiße Kartoffel fallen gelassen worden sind? Wenn Schlaumeier mit Heiligenschein und Moralkeule in der Hand nur ihren eigenen Vorteil im Auge haben? Wenn selbsternannte Retter dem Zuschauer vorgaukeln, dass es nur um Inhalte gehe (gehen sollte) und sie gleichzeitig Sündenböcke jagen, um von eigenen Fehlern, Schwächen und vor allem von ihrer Verantwortung abzulenken?

Zur Wahrheit gehört jedoch auch: Macht-, Konkurrenz- und Verteilungskämpfe jenseits von Gut und Böse finden sich nicht nur in Parteien, auch in Verbänden und Vereinen, Unternehmen und Betrieben, Medienhäusern und Kultureinrichtungen, auch in Kirchen, selbst wenn häufig vieles unter den Teppich gekehrt wird, damit nur nichts an die Öffentlichkeit gelangt, um den „guten Ruf" nicht zu gefährden.

Und in manchen Familien tauchen spätestens bei Erbstreitereien die bekannten Machtfragen auf: Wer setzt sich durch? Wer hat das Sagen? Wer ist für mich, wer gegen mich? Nicht selten ist dann die Angst vor Gesichts-, Liebes- und Anerkennungsverlust umhüllt vom Mantel der Gerechtigkeit, denn es soll ja „gerecht" zugehen.

Stets schmerzt die Wahrheit: Das Tischtuch ist zerschnitten, weil auf der Seele herumgetrampelt, der Geist beleidigt, der Körper gequält, die Beziehung zerstört worden ist. Dennoch erinnern die zerschnittenen Teile daran, wie ein ganzes Tischtuch ausgesehen hat und welchen Zweck es gehabt hat.

Wahrheit kann jedoch auch befreien: Wenn aufgehört wird, den Splitter im Auge des anderen zu suchen und den Balken vor dem eigenen Kopf zu ignorieren. Wenn einer freiwillig auf sein „gutes Recht" verzichtet, ohne am Ende der Dumme zu sein, weil er Wichtiges vom Unwichtigen zu unterscheiden und aus eigenen Fehlern gelernt hat. Wenn die Bitte um Entschuldigung keine leere Floskel bleibt.

Und Wahrheit kann erneuern helfen: „Größe" entsteht, wenn sich alle aufrichtig um die Vision eines neuen gemeinsamen Tisches bemühen. Keiner muss nach dem Motto weiterleben „Wie du mir, so ich dir".

Christen und Nichtchristen können von Jesus lernen, dass der Maßstab des Handelns nicht „das Erlittene" sein muss, sondern die eigene Verantwortung. Wenn andere mir Unrecht oder Böses angetan haben, muss ich nicht mit gleicher Waffe heimzahlen. Versuche sind möglich, tragfähigere und nachhaltigere, fairere und gerechtere Lösungen im gegenseitigen Respekt und gemeinsamen Interesse zu finden.

Ich kann im Kleinen groß sein, Dinge akzeptieren lernen, die ich nicht ändern kann, weil ich es im Alleingang nicht schaffe; neue Chancen jedoch wachsen und reifen lassen, indem sich Schubladen in den Köpfen öffnen, Zeigefinger eingezogen, Masken vom Gesicht genommen werden. Und eine Begegnung auf Augenhöhe möglich wird.

Wenn der Geist der schöpferischen Liebe Gottes in die Machtverhältnisse eindringt, dann gibt es zwar keine heile Welt, wohl aber eine heilbare, in der Menschen wieder aufatmen können. Und sich freundlich und menschlich begegnen, weil sie Größe zeigen.

Hass

Gefährlicher Sumpf

Am Rande, aber auch in der Mitte, im Dunkeln, aber auch im Licht, vor allem jedoch in Grauzonen und in den Sümpfen des Lebens wächst die Blüte des Hasses.

Beispielsweise der Judenhass, der im Verborgenen durch Morddrohungen und Hetze gegen jüdische Mitbürger, aber auch in aller Öffentlichkeit sein Unwesen treibt.

Totalitäres sowie fanatisches Denken herrscht jedoch auch bei Demonstranten, die im Namen von Toleranz und Vielfalt Gewalt anwenden, Andersdenkende am Reden zu hindern und zum Schweigen zu bringen versuchen. Oder wenn in Beziehungsfragen eine andere Meinung oder der Andersdenkende selbst verteufelt wird.

Die Sumpfblüte des Hasses kann in allen Bereichen des Lebens gedeihen, sowohl in der Hitze von Konflikten als auch in eisiger Kälte von Hartherzigkeit. Sie wurzelt tief, manchmal auch tief versteckt in den Köpfen derer, die sie aus dem Sumpf ausreißen wollen.

Träumt die Sumpfblüte davon, etwas ganz Besonderes zu sein? Will sie bewundert werden? Ist sie beleidigt, wenn sie „ungerecht" behandelt wird? Nimmt sie andere als unnahbar wahr? Sind ihre Angst- und Minderwertigkeitsgefühle, ihre Neid- und Ohnmachtsgefühle die Quellen, aus denen sie ihren Vernichtungswunsch nährt? Den anderen zerstören zu wollen, sich über sein Unglück zu freuen, weil sein Glück nicht zu ertragen ist?

Weiß die Sumpfblüte, was sie tut? Wenn sie den heimtückischen Spaltpilz sät, die komplexe Welt in Gute und Böse teilt? Lähmendes Gift spritzt, indem sie Feindbilder verbreitet? Zur hemmungslosen Jagd auf Sündenböcke aufruft, um von eigener Bosheit und eigenem Realitätsverlust abzulenken? Das soziale Klima brutal durcheinanderwirbelt und mit ihrer täuschenden Schönheit denkfaule Bürger verführt, sich auf gefährliches Sumpfgelände zu begeben?

Man kann als Bürger des liberalen Rechtsstaates vor diesem Sumpf kapitulieren. Man kann die Sumpfpflanze, die sich nicht selbst aus dem Sumpf befreien kann oder gerne im Sumpf badet, auch radikal zu vernichten versuchen.

Mehr Erfolg mit nachhaltiger Wirkung verspricht jedoch die Trockenlegung des Sumpfes, der Kampf gegen das feindselige Verhalten aller Hass-Pflanzen. Und das fängt mit Widerspruch an, wenn über einen Mitmenschen oder eine Gruppe gehässig hergezogen oder er bzw. sie herabgesetzt und ausgegrenzt wird.

Wer sich zudem bemüht, die vielen Sumpfblüten genauer anzusehen, entdeckt vielleicht auch Bekanntes: Eigene innere Leere und Verletzungen, Verlust-, Überforderungs- und Fremdheitserfahrungen. Dessen Gewissen kann geweckt werden, weil er „Mitwisser" geworden ist.

Und mitverantwortlich, dass aus Sümpfen gepflegte Gärten des Rechts, der Sicherheit, der Freiheit und des Wohlstandes werden, Hassblüten verwelken und blühendes Leben im gegenseitigen Respekt und in gemeinsamer Achtung entsteht.

Indem Konflikte sachlich, fair, wahrheitsgemäß und lösungsorientiert ausgetragen werden. Und wenn nötig, auch mit dem (Straf-)Recht als Ultima Ratio und der konsequenten Umsetzung von Rechtsnormen bzw. Sanktionen.

Ganz im Sinne Jesu, der wusste, dass Menschen im Sumpf umkommen, wenn sie hassen und die liebende und befreiende Hand Gottes nicht ergreifen. Auch wenn sie gleichgültig sind oder mit verschlossenen Augen den Sumpf übersehen.

Jedoch glücklich durch das Säen von Menschlichkeit und Liebe werden - in Würde und Freiheit, in Vernunft und Verantwortung, mit Mut und Zivilcourage im Rahmen der Gesetze und staatlichen Ordnung, um den Sumpf trocken zu legen und einen blühenden Garten neuen Lebens zu ermöglichen.

Neid

Geliebter Fiesling?

Was schwimmt denn da? Ein Gefühl, das alle kennen?! Es ist allgegenwärtig, mächtig und autonom. Aber kaum einer stellt es offensiv zur Rede. Es versteckt sich gerne hinter einer Maske der Bescheidenheit. Aber seine Augen schielen und vergleichen blindlings drauflos. Es sieht nur das, was es sehen will und pickt das „Fiese" heraus. Aber es vergisst dabei, wie gut es ihm selber geht. Es verspürt häufig quälende Stiche in der eigenen Seele. Aber es findet kein Mittel gegen die chronischen Schmerzen. Es nagt am eigenen Selbstwertgefühl und verbiestert jede Beziehung. Es wirkt ohnmächtig, die schleichende Selbst- und Fremdzerstörung zu stoppen.

Der Neidische, voller öliger Widersprüche und feindseliger Missgunst, ist wie ein „kleiner Fisch" im Wasser, der scheinbar „größere Fische" abwertet und zu vernichten versucht. Er leidet am fremden Glück, das ihm als eigenes Unglück erscheint. „Warum ist mir ein solches Leben nicht vergönnt?" „Warum hat mich denn keiner zum Fressen gern?" fragt er sich, wenn andere Fische attraktiver sind, besser schwimmen können oder mehr Nahrung haben und Aufmerksamkeit bekommen. Er versucht, alle „kleinen Fische", die mit ihm am Korallenriff wohnen, aber ihr Glück in der Weite des Ozeans suchen wollen, mit einer Flut von Herabwürdigungen daran zu hindern. Und er findet immer pauschale und gehässige Gründe, andere beneidete Fische auszugrenzen, sie gegeneinander aufzuhetzen oder sie in gefährliche Tiefen zu verbannen, um von eigenen Schwächen und Fehlern abzulenken. Der neidische Fisch träumt davon, in einem armen und kleinen Teich zu leben, wo er wie ein „Großer" wirken kann. Und nicht in einem reichen und großen Teich, wo er als „Kleiner" unterzugehen droht.

Der beneidete Fisch, der die feindselige Missgunst verspürt und fürchtet, schwimmt immer häufiger unauffällig mit dem Strom, um nicht aufzufallen. Soll er seine Kontakte zu Neidern abbrechen, um sie nicht zu provozieren? Sich nur noch unter Seinesgleichen aufhalten? Gar keine Anstrengung mehr zeigen, die Qualität des Wassers im Interesse seines Wohls, aber auch des Gemeinwohls zu verbessern, um sich nicht mit nervigen Sticheleien und verletzenden Animositäten auseinandersetzen zu müssen?

Eine Schwimmpause könnte dem Neider, der selbst zum Beneideten werden kann, helfen, einen neuen Kompass zu finden: Willst du wirklich das Wasser, das du vergiftest, eines Tages selbst trinken wollen? Beziehungen killen, die dich und andere bereichern können? Den Einsatz eines Beneideten auf dich nehmen und dich von deinem guten Leben verabschieden? Ist es ist nicht besser, deine eigenen Talente zu entwickeln und dich auf deine Stärken zu konzentrieren?
Und – ein Grund zur Dankbarkeit?! - leben nicht alle Fische, ob nun neidische oder beneidete, im gleichen Wasser des Lebens, von dem alle stammen und von dem alle leben, zu dem sie auch alle eines Tages zurückkehren? Auf jeden Fall sind alle unvergleichbar, unendlich geliebt, aber auch alle vor Gott, dem „Wasser allen Lebens", verantwortlich, der selbst den Fiesling liebt, damit der sich vom Fiesen befreit, um wieder glücklich zu sein.

Verantwortung

In eine Grube springen?

Wieder einmal nörgelte der Junge: „Warum darf ich nicht das, was andere in meinem Alter dürfen?" Der pubertierende Teenager wollte die Nacht zum Tage machen und sein Taschengeld auf den Kopf hauen. Der genervte Vater wehrte ab: „Wenn andere in die Grube springen, musst du nicht hinterherspringen."

Hoppla. Gilt das auch für den Vater, für einen Erwachsenen? Kann nicht eine Grube so faszinieren, hinein- oder hinterherzuspringen, wenn Geld, Erfolg, Macht und Ruhm locken? Auch wenn der Preis hoch ist, charakterlose Anpassung oder rücksichtsloses Verhalten, Dunkelheit und Enge?

Ganz schlaue Lebenskünstler fallen zudem in eine Grube, die sie selbst geschaufelt haben. Ihre schamlosen Lügen, an der Grube unschuldig zu sein, verhindern nicht auf Dauer, dass sie entlarvt werden. Heuchlerisches Intrigenspiel rächt sich mächtig, hinterlässt auf jeden Fall Spuren in der eigenen Seele des Intriganten. Wer anderen – auch naiven oder gutmütigen Gemütern - eine Goldgrube des schönen Scheins, aber mit Fesseln gräbt, fällt – eines Tages – selbst hinein.

Doch – ob nun unschuldig schuldig, schuldig unschuldig, aus Versehen, aus Dummheit, aus Leichtfertigkeit, aus Berechnung oder aus Angst – welche Möglichkeiten gibt es, in einer Grube zu überleben oder aus ihr wieder herauszukommen?

Der eine gräbt in der Grube, findet jedoch nur Dreck, Bosheiten und Gehässigkeiten. Der andere bleibt in der Grube liegen, schimpft auf anonyme Mächte oder auf heuchlerische Fieslinge. Wieder einer redet weltklug daher und behauptet, im Leben außerhalb der Grube zählten nur Titel, Kittel und Mittel. Ein einsamer Rufer schreit um Hilfe und findet doch kein Echo.

Dennoch kann ein Tiefpunkt zum Wendepunkt werden. Für Menschen in der Grube des Lebens, die aufstehen, Zutrauen zu sich selbst entwickeln, Altes loslassen und akzeptieren lernen, empfangen und neue Prioritäten setzen. Die vielleicht auch einen Menschen finden, der sie herauszieht, versteht und liebt. Vor allem – und das wollte wohl auch der Vater seinem Sohn vermitteln – die Verantwortung für das eigene Leben wahrnehmen.

Und warum sollte man dann im Gleichschritt in eine (neue) Grube, in sein Unglück springen?!

Ökonomie

Prahlen mit Zahlen?

Ein neuer Geschäftsführer prahlt mit neuen Zahlen. „Endlich schreibt die Firma wieder schwarze Zahlen." Was sein Vorgänger nicht geschafft habe, sei ihm gelungen.

Ein Feuerwerk guter Zahlen fasziniert und weckt Machtgefühle. Zugleich kann es in der Hitze des Gefechtes wie eine kalte Dusche wirken, Eiferer und Heißsporne abkühlen und eine Diskussion versachlichen. Denn ist das Schöne oder Wünschbare auch machbar, vor allem finanzierbar?

Doch eine Flut handfester Zahlen kann Kritiker auch mundtot machen und eine falsche Sicherheit vorgaukeln, so dass notwendige Entscheidungen in Selbstzufriedenheit verschlafen werden.

Dennoch: Verstehbare und nachvollziehbare Zahlen sollten nicht einfach ignoriert werden, da sie wie Verkehrsschilder im Straßenverkehr sind, an denen ein Autofahrer sich orientieren kann, um sein Ziel schneller, leichter und sicherer zu erreichen. Die Schilder ersetzen jedoch nicht die Verantwortung des Fahrers, das Ziel und den Weg zu bestimmen, Bremse und Gaspedal zu bedienen.

Zahlen müssen interpretiert, der Zusammenhang muss stets erhellt werden: Die gleiche zurückgelegte Kilometerzahl auf zwei Straßen sagt noch nichts über ihre jeweilige Beschaffenheit aus, ob es sich um einen Feldweg oder eine Autobahn handelt. Und natürlich sind zwei

Haare auf dem Kopf wenig, zwei Haare in der Suppe jedoch viel.

Ein Zahlenwerk kann wie eine Waffe gebraucht, aber auch missbraucht werden; es kann – je nach Interessenlage - die Wirklichkeit beschönigen, verschleiern oder verschlimmern. Mit Zahlen wird gespielt, wenn eine Sache mit den gleichen Zahlen widerlegt oder bewiesen werden kann.

Und generell gilt: Wer gar nicht zählt, wird schnell verschwenderisch, verliert Bodenhaftung. Wer nur zählt, wird schnell geizig, zum Erbsenzähler, zum Sklaven des Zählens.

Die Masse an Zahlen sagt noch nichts über ihre Klasse aus: In einem Artikel, der viele Likes oder Follower hat, kann es viele versteckte Gehässigkeiten und Unterstellungen geben. Ein anderer Artikel, der wenig beachtet wird, weil er seinen Lesern nicht nach dem Munde redet, kann sorgfältig, fair und wahrheitsgemäß recherchiert worden sein. Viele Hände, die wegen des Sahnehäubchens auf dem Kuchen applaudieren, sagen noch nichts über seine Qualität aus; viele gute Noten und Umfrageergebnisse noch nichts über den Charakter oder die wahre Kompetenz eines Politikers.

Selbst mächtige Zahlen sind ohnmächtig und zahlen nicht die Zeche, wenn Menschen lachen oder weinen, vergeben oder verurteilen, wenn Erfahrung, Geschichte und Kultur nichts mehr zählen. Zahlen sind nur Teil des Spiegels der Wirklichkeit: Sie dienen dem ganzen Leben erst, wenn sie untrennbar eingebunden sind in die Welt der Werte und Normen, der Gesetze und des Rechts, der Fachlichkeit und Menschlichkeit.

Eine Firma mag „schwarze Zahlen" schreiben. Dennoch kann das Betriebsklima eiskalt sein, ein Mitarbeiter nur eine funktionierende Nummer und reiner Kostenfaktor. Und der Erfolg dieser Zahlen kommt auf Stelzen daher, weil eine Kultur des gegenseitigen Respektes, des Vertrauens und der Eigenverantwortung, vor allem Glaubwürdigkeit fehlt. Und dadurch der wirtschaftliche Erfolg auf Dauer gefährdet ist.

Was zählt wirklich im Leben? Berechnend zu sein, es einem anderen Menschen heimzuzahlen, die Maximierung und Optimierung der Rendite oder der Organisation? Oder der einzelne Mensch mit seiner unverlierbaren Würde, seinem Wissen und Gewissen sowie seinem Streben nach Glück?

Die Zeit des dumpfen Aufzählens von Zahlen mit heißer Luft und Hochmut kann entlarvt werden. Wenn die Zeit des aufrichtigen Erzählens unter Berücksichtigung dienender Zahlen, die Bände sprechen, beginnt. Vor allem, wenn Menschen Mut zur Demut gegenüber der Geschichte zeigen sowie zur gemeinsamen – auch ökonomischen - Verantwortung für die Zukunft.

Damit der neue Geschäftsführer nicht eines Tages von seinem Nachfolger eine Rechnung mit „prahlenden Zahlen" präsentiert bekommt.

Dankbarkeit

Innere Freiheit

„Undank ist doch der Welt Lohn!" denken die einen. Einen kühlen Kopf behalten, rechnen und analysieren, deuten und urteilen; darauf komme es an!

Aber „nur" denken? „Nein danke!" antworten andere. Lieber jammern und nörgeln sie, kritisieren und schimpfen, und erzeugen miese Stimmung; das sei jetzt dran!

Hand aufs Herz: Wer hat sich selbst gezeugt, geschaffen oder geboren? Wer lebt ewig?
Hat auch nur *ein* Mensch das Entscheidende im Leben in seiner Hand? Kann er vielleicht Gesundheit, Liebe und Vertrauen einfordern oder gar einklagen? Sind diese Werte etwa käuflich und erwerbbar, einfach leistbar und herstellbar?

Und doch sollten wahre Lebensgeschenke bewusst *be*dacht und verantwortungsvoll *durch*dacht werden, gerade weil sie nicht selbstverständlich sind. Und damit man sie nicht holterdiepolter verliert.

Eine dankbare Hand kann leichter und bewusster *ab*geben, sogar *ver*geben, zum Beispiel Neid, Rache, Gier und Selbstsucht loslassen, um Sinnstiftendes und Lebensdienliches sowie Versöhntes und Zukunftsorientiertes neu zu empfangen.

Der dankbar Denkende muss nicht mit seinen Händen auf seine eigenen Schultern klopfen, weil er ja immer alles richtig macht, sondern kann anerkennen, wenn andere tolle Leistungen erbringen; oder auch anderen, die gestürzt sind, auf die Beine helfen, damit sie wieder selbstständig laufen lernen.

Wenn einer weit und tief genug denkt, kann es sogar zu einer Begegnung mit der unsichtbaren, aber persönlich erfahrbaren Hand kommen, die alles Leben geschaffen hat, trägt und erhält, erneuert und vollendet. In der der Gottvertrauende seine eigene Hand geborgen weiß. Die im Vertrauen auf die Botschaft Jesu Christi niemanden im Stich lässt – auch dann nicht, wenn man am Ende seiner Tage endgültig loslassen lernen muss. Und kann, weil dieser Hand neues, letztlich unbegreifliches Leben zugetraut wird.

Doch der aktuelle Lohn jenseits von Undankbarkeit und Gedankenlosigkeit ist die innere Freiheit, im Leben und für das Leben Verantwortung zu übernehmen – in freier sowie froh- und reichmachender Dankbarkeit.

Lob

Sauerstoffzufuhr

Wann habe ich das letzte Mal gelobt?
Und wann bin ich das letzte Mal gelobt worden?
Oder ist es besser, einen großen Bogen um das Lob zu machen, weil es als Schwäche missverstanden werden kann oder schwer zu ertragen ist? Lieber das aufmüpfige Kind wie ein wildes Tier zu zähmen versuchen. Dem unbequemen Kollegen klar machen, wer das Sagen hat. Dem zänkischen Nachbarn die Zähne zeigen, indem ihm ein Lächeln geschenkt wird. Den schwierigen Partner in Watte packen, damit er nicht ausflippt.

Zugegeben, es gibt ein *faules* Lob, das einen faden Beigeschmack hat und äußerst peinlich sein kann. Wenn beispielsweise ein Koch in einem Restaurant über den grünen Klee gelobt wird, obwohl das Gericht nach nichts schmeckte, weil eine Pfeffer- und Salzdusche den Eigengeschmack zerstört hatte. Wenn ein Geschäftsführer einen Mitarbeiter weglobt und einen anderen in seinen Vorstand hineinlobt, um seine Seilschaften und Macht zu erhalten und auszubauen. Wenn eine Person des öffentlichen Lebens sich dauernd selbst lobt, weil sie unter Minderwertigkeitsgefühlen leidet und größenwahnsinnig geworden ist. Wenn ein Herzensbrecher oder Karrierist versucht, sich mit Lobhudelei oder Komplimenten einzuschmeicheln, die Eitelkeit streichelt und dabei ertappt wird. Oder wenn einer einen anderen lobt, um selbst gelobt zu werden oder gleichzeitig einen anderen klein zu machen.

Aber ohne Lob entsteht ein Vakuum, in dem sich Angst, Gleichgültigkeit und Lustlosigkeit breit machen. Wer nur kritisiert, rüffelt, jammert, nörgelt, schleimt oder verherrlicht, vielleicht nur Zuckerbrot und Peitsche kennt, verunsichert seinen Mitmenschen, lässt sie abstumpfen, unrealistisch werden, so dass sie am Ende halbwegs nur noch funktionieren oder flüchten.

Deshalb ist in allen Bereichen des Lebens eine Lobkultur wichtig. Ein begründetes und *aufrichtiges* Lob zur rechten Zeit am rechten Ort ist wie frische Sauerstoffzufuhr in müder, stickiger oder muffiger Umgebung: Lebensgeister und Lebenskräfte werden geweckt, neues Zutrauen zur Eigenverantwortung wächst; Freude über das Lob schenkt sogar neue Sinnerfahrungen.

Wer eine Person oder ihre Leistung so lobt, worauf sie zu Recht stolz sein kann, verbessert das menschliche und soziale Klima, in dem nicht Neid oder Missgunst wachsen, sondern Mitfreude und Ansporn, sich selbst weiterzuentwickeln. Ein solches Lob kostet nichts, taucht in keiner Kosten-Nutzen-Rechnung auf, kann auch nicht einfach produziert werden, ist auch nicht einklagbar. Aber es begeistert und bewegt, eröffnet Zukunft.

Manche loben auch den Schöpfer alles Lebens, weil sie für das Geschenk des Lebens dankbar sind; für die Freiheit zur persönlichen Verantwortung im Geist liebender Vernunft, zur konstruktiven Kritik, aber auch zum bewegenden Lob.

Und dieser Gott verleiht dem Menschen eine Würde, die er auch dann nicht verliert, wenn er von anderen Menschen (noch) nicht gelobt wird oder selbst (noch) nicht loben kann.

Kritik

Im Porzellanladen

Kritik einfach am Nervenkostüm abperlen lassen? Oder jede Kritik wild von sich weisen?

Ein Mitarbeiter sollte ehrlich seine Meinung sagen. „Als ich meine Kritikpunkte genannt hatte", berichtete er sichtbar eingeschüchtert, „putzte mich mein Chef wie ein dummer Junge herunter." Zukünftig werde er lieber schweigen.

Ist Kritik immer eine Alibifloskel und eine Majestätsbeleidigung?

Ein Vorgesetzter sprach mit einem Mitarbeiter über seine fehlende Teamleistung. „Wie ein begossener Pudel hat er mein Zimmer verlassen, obwohl ich sachlich geblieben bin", erzählte er später seiner Frau.

Hat sich der „Chef" falsch verhalten, die Persönlichkeit seines Mitarbeiters verletzt?

Ein Politiker wehrte sich gegen einen Journalisten, der aggressiv und mit spitzer Feder schrieb, selbst aber keine Kritik vertragen konnte. Der Politiker wurde fortan in seiner Zeitung totgeschwiegen oder nur noch in negativen Zusammenhängen erwähnt.

Ist Kritik am Kritiker unerwünscht, nur Applaus erwünscht?

Im Porzellanladen der Gefühle sollte man sich nicht wie ein brüllender Löwe, eine abgehobene Giraffe, eine graue Maus oder eine heuchlerische Schlange verhalten.

Um nicht zu viel Porzellan zu zerschlagen, sollte unterschieden werden:

Einen Mitmenschen nur in Watte zu packen und zu lobhudeln, was er doch für ein toller Typ sei, bremst seine Entwicklung. Ein offenes und ehrliches sowie faires Gespräch über Unvollkommenes und Kritikwürdiges ist deshalb besser als *Harmoniesucht*.

Das ständige Suchen jedoch nach dem Haar in der Suppe verdirbt die Freude am gemeinsamen Essen, am Zusammensein und Zusammenbleiben. Eine gemeinsame Kultur des Vertrauens und der Verantwortung ist deshalb besser als *Kritiksucht*.

Lieblose Kritik ist unsachlich und unangemessen, verallgemeinernd und vereinfachend, flott und bloßstellend. Sie erzeugt nachhaltige Misstöne.

Heilsame Kritik jedoch, die zwischen der Wertschätzung der Person und seiner Leistung unterscheidet, versucht sachlich und angemessen, konkret und empathisch zu sein; kann zuhören und hineinhören, hineindenken und hineinfühlen. Sie bedenkt zudem den richtigen Ort und den richtigen Zeitpunkt der Kritik, vor allem bietet sie mit dem richtigen Ton Hilfe bei der Suche nach neuer Musik an.

Kritik ist dann leichter annehmbar, weil sie keine Abrechnung, aber auch keine Schuldzuweisung darstellt, sondern ein Lernprozess ist, ein Sprungbrett bei der Frage nach neuen und gemeinsamen Wegen.

Als heilsame Selbstkritik übersieht sie nicht den Balken im eigenen Auge. Und der Splitter im fremden Auge wird nicht überbewertet. Die Kritikpunkte, aber auch die Nerven werden ins rechte Lot gebracht.

Beleidigungen parieren

Bis aufs Blut wurde gekämpft. Hühner und Hähne schonten sich nicht. Sie gifteten sich an und sprachen Klartext bis kurz oberhalb der Gürtellinie: „Du redest dummes Zeug", behauptete der eine. Und der andere erwiderte: „Und du hast keine Ahnung".
Auch Killersätze wie „Du bist zu alt, um das zu verstehen" oder „Du bist zu jung, um das beurteilen zu können" helfen im Eifer eines Gefechtes nicht weiter.
Ob Ratschläge Streithähne überhaupt erreichen? „Du hast folgende Möglichkeiten, auf Beleidigungen wie „Du redest Unsinn" zu reagieren", erläutert eine kluge Katze.
Erstens könne der Beleidigte die „Sache" *noch schlimmer* machen, als sie in Wirklichkeit sei: „Du wirst erst richtig neugierig, wenn ich noch mehr Unsinn erzähle."
Zweitens könne die „Sache" *geschickt lächerlich* gemacht werden: „Wenn du davon überzeugt bist, wird es bestimmt stimmen."
Drittens könne die „Sache" *schlagfertig zurückgewiesen* werden: „Dann sitzen wir ja in einem Boot und ziehen an einem Strang."
Viertens könne die „Sache" *verwirrt* werden: „Passt dein Einwand zum Thema?"
Fünftens könne der Beleidigte den Beleidiger in der „Sache" *ins Leere laufen* lassen: „Dann machen ja die Klugen einen Bogen um mich und reden nicht mehr mit mir".
Klingt zunächst einmal gut, aber niemand kann stets seine „Contenance", seine Selbstdisziplin und Selbstbeherrschung wahren. Auch ein Gemütsmensch kann durch billige Provokationen und falsche Vorwürfe aus

der Reserve gelockt werden und über das Ziel eines rationalen Dialoges hinausschießen, d.h. ausfallend werden. Doch auch sich wie ein beleidigter Pudel in die Ecke zu verkriechen, überlässt dem Beleidiger das schwammige Terrain. Wer nicht Gleiches mit Gleichem vergelten, mit gleicher Münze heimzahlen oder nur einfach schweigend leiden will, kann auch versuchen, mit Rückfragen zu reagieren: „Was sind deine Gründe für deine Aussage? Ich möchte dich besser verstehen?"

Die Erwartungen sollten allerdings nicht zu hoch geschraubt werden. Streitsüchtige Menschen werden nicht plötzlich goldene Eier legen. Doch die Kunst, nicht Opfer eigener Emotionen wie Angst, Gier, Geltungssucht zu werden, sondern gelassen und besonnen zu reagieren und seine Gefühle in den Griff zu bekommen, ist erlernbar und trainierbar.

Zwar kann keiner gezwungen werden, eine *unter*durchschnittliche Haltung zu überwinden: „Nur das ist gut, was ich denke und sage". Auch nicht eine *mittel*mäßige Haltung: „Nur das ist gut, was ich verstehe. Und schlecht, was ich nicht verstehe." Aber jeder hat die Chance, eine *über*durchschnittliche Haltung zu entwickeln: „Auch das kann gut sein, was ich nicht verstehe. Doch ich bemühe mich, es zu verstehen. Damit ich eine Meinung bewusst und begründet bejahen oder verneinen, vor allem sachlich vertreten kann".

Am besten man versucht, schon beim nächsten Mal in einer Haltung der Gelassenheit und Besonnenheit zu streiten. Damit kein böses Blut fließt, sondern sachliche Übereinstimmungen, Unterschiede oder gemeinsame Lösungen gesucht werden können. Und ein glücklicheres Leben sowohl für Streithälse als auch für Angsthasen wächst.

Ein Schlüssel für Schubfächer

Wo ist der Schlüssel für das Schubfach?
In einem fast leeren Schubfach befinden sich nur wenige Wissensbrocken und Meinungsfetzen; in einem überfüllten nur alberner Krimskrams sowie Trophäen der Geschmacklosigkeit.
Unsichtbare, aber liebgewonnene Schubfächer dienen dazu, Menschen zu bewerten, einzusortieren und wegzuschließen. „Das ist typisch", heißt es dann. Und leicht entsteht daraus ein festes Vorurteil oder sogar ein Feindbild.
Schubfächer bieten zwar grundsätzlich Ordnung und Orientierung, um Dinge und Meinungen schneller wiederfinden zu können. Aber sie bilden nicht die ganze Vielfalt der Wirklichkeit ab. Von Zeit zu Zeit sollten deshalb die Inhalte kritisch gesichtet werden, um kein unübersichtliches Chaos entstehen zu lassen, damit keine Inhalte verstauben oder ungenießbar werden, um vor allem Platz für Neues und neue Entdeckungen zu schaffen. Denn könnte es nicht sein, dass ein Mensch sich weiterentwickelt hat? Oder dass er auch aus dem Schubfach herausmöchte?
Der Schlüssel zum Verschließen (Gehässigkeiten gehören in das unterste Schubfach) und Aufschließen (weil es nur faire Chancen außerhalb eines Schubfaches gibt) ist die liebende und bewegliche Vernunft, die voller Überraschungen ist und auf der kein Etikett und kein Preisschild kleben.

Wer diesen Schlüssel sucht, hat ihn schon gefunden.

Spießer

Weite der Menschlichkeit

Ein Spießer trifft einen Spießer. Der eine, ein Sturkopf, läuft gegen die Wand und wundert sich anschließend über seine Kopfschmerzen. Der andere, ein Kleingeist, opfert seine Menschlichkeit auf dem Altar der Engstirnigkeit und beschwert sich dann über sein Alleinsein. Beide haben es schwer, sich von ihren selbstgefälligen Gewohnheiten, ihrem selbstgerechten Ordnungssinn und ihrer selbstgemachten Sucht nach Perfektion und Sparsamkeit zu befreien.

Das genervte Publikum hat solchen Spießern verschiedene Etiketten verpasst; zum Beispiel:
„Pfennigfuchser", weil einer pingelig ist und selbst im privaten Bereich den letzten Cent zurückverlangt. „Erbsenzähler", weil einer seine Mitmenschen mit seiner Supergenauigkeit tyrannisiert. „Paragraphenreiter", weil einer in kleinlicher Weise Vorschriften interpretiert. „Korinthenkacker", weil einer sowohl vollkommen sein will als auch rechthaberisch ist.
Es ist peinlich, wenn ein Spießer kein Trinkgeld gibt, sich den Restbetrag von 50 Cent auszahlen lässt, obwohl ihm das Essen im Hotel gemundet hat. Wenn eine reiche Person, die sich gerade eine teure Flasche Champagner geleistet hat, jedoch das „hohe" Toilettengeld kritisiert. Wenn ein einfaches Gemüt die Stimmung killt, weil es ein Staubkörnchen in seinem Hotelzimmer entdeckt hat. Wenn einer am Buchstaben der Ordnung krampfhaft festhält, für sich selbst jedoch Interpretationsspielräume sieht.

Kurz gesagt: Manche Spießer können wie die Made im Speck sein, die über den Speck schimpft. Und kostbare Lebenszeit, Lebensfreude und Lebensenergie vergeuden, auch Lebensgemeinschaften vergiften, lähmen und zerstören; beispielsweise im Blick auf Nachbarschaftskonflikte oder Erbstreitereien, wenn auf- und abgerechnet wird, alte Rechnungen beglichen werden, Schubladendenken und Schwarz-Weiß-Malerei sowie ein Schablonenverhalten und ein übertriebenes Sicherheitsbedürfnis oder falsches Gerechtigkeitsbedürfnis vorherrschen.

Sind verbitterte Spießer unbelehrbar? Soll man sie einfach aufspießen, abwerten und dämonisieren? Sie Spießrutenlaufen lassen, sie wegen ihrer Sturheit, Pedanterie, ihres Geizes lächerlich machen?

Vielleicht sollte man einmal den Spieß umdrehen, sich selbstkritisch betrachten, weil aus einer vertieften Begegnung mit sich selbst eine neue Bewegung in neue Bedeutungs- und Begegnungsräume ermöglicht wird. Und diese Freiheitsbewegung hilft, auch wieder herzhaft über sich selbst zu lachen, über die eigene bitterernste Miene.
Wer es darüber hinaus schafft, den Spieß aus der Hand zu legen, der kann seine Hand sogar seinem Mitmenschen zur Versöhnung reichen. Und gemeinsam die Enge des geistigen Gefängnisses verlassen, um die Weite der Menschlichkeit und des Fingerspitzengefühls, der Vernunft und der Vorstellungskraft, der Urteils-, der Unterscheidungs- und der Kompromissfähigkeit zu erleben.
Der trifft mitten ins Herz befreiten und beglückenden Lebens.

Anstand

„Bau keinen Scheiß"

„Bleib anständig", sagte ein Vater zu seinem Sohn beim Abschied vor einer langen Reise auf dem Bahnsteig. Was meinte sein alter Herr damit?
Sich anständig zu verhalten, ist für (an-)ständig Denkende offensichtlich keine Glückssache oder ein Himmelsgeschenk. „Anstand" scheint mehr zu sein als eine Dekoration, die etwas verschönert oder als ein Luxus, der eine wohlige Stimmung verbreitet. Auch sollte man Anstand nicht verwechseln mit einem Privileg von Frommen, weil es zu ihrer Religion dazugehört. Oder mit einem Feigenblatt der Gewieften, die hoch hinaus wollen. Auch die anständig aufgesetzte Maske der Moralisten und Spießgesellen kann jeder durchschauen, der nicht auf den Kopf gefallen ist.

Doch was könnte Anstand dann bedeuten?

Vielleicht für einen Touristen, dass er die rechtlichen und kulturellen Spielregeln des Gastlandes beachtet und achtet, beispielsweise eine Straßenverkehrsordnung mit dem Linksverkehr.
Für einen Flüchtling, dass er seine moralischen und kulturellen Prägungen und Vorstellungen, die er im Gepäck mitgebracht hat, nicht im neuen Land durchzusetzen versucht, beispielsweise eine frauenfeindliche oder antisemitische Gesinnung.

Anstand spielt in allen Lebensbereichen eine wichtige Rolle. Ein Fußballspieler kann mit Anstand gewinnen o-

der verlieren, indem er die Leistungen des Gegners anerkennt. Alle zeigen Anstand, wenn sie in Konflikten auf Gewalt verzichten, versuchen den richtigen Ton zu wählen und Wertschätzung einer Person gegenüber zum Ausdruck zu bringen. Und zwar ohne Gegenleistung und unabhängig von Meinungen und Erfahrungen.
Zum Anstand gehört auch, den Mund aufzumachen, wenn andere mundtot gemacht werden sollen, ihre Würde mit fanatischen Hassparolen oder heuchlerischen Engelsgesängen verletzt wird. Anständig ist es, um Entschuldigung zu bitten. Oder Fehler zu erkennen, aus Fehlern zu lernen, um ein neues vertrauensvolles und partnerschaftliches Miteinander zu ermöglichen.

Für einen wahrhaft Anständigen gilt, dass er kein glühender Sittenwächter einer Religion, kein zugeknöpfter Knigge-Anhänger einer Gesellschaftsschicht oder berechnender Kofferträger eines Zeitgeistes ist, der gerne bevormundet und gängelt. Auch kein Chamäleon, das seine Farben mit seiner Umwelt im Stand wechselt, um nur seine eigenen Interessen verfolgen zu können. Wohl aber ist der Anständige selbst ein erstes Empfehlungsschreiben für andere sowie für einen rationalen und menschlichen Dialog.

Beim Abschied auf dem Bahnhof flüsterte schmunzelnd der Sohn seinem Vater ins Ohr: „Und bau du keinen Scheiß." Er wollte wohl bei seiner Rückkehr kein Durcheinander vorfinden. Sondern den Kitt, den die Gesellschaft braucht, um stabil zu bleiben, nämlich gegenseitigen Respekt und Fairness, Takt und Höflichkeit – eben gelebten Anstand in persönlicher Verantwortung.

Takt

Fingerspitzen

Sophie steuert mit ihrem Auto einen freien Stellplatz auf dem Parkplatz an. Doch der Platz wird ihr vor der Nase weggeschnappt. Der forsche Fahrer steigt aus seinem Wagen, wirft der erstaunten Sophie einen überheblichen Blick zu, bevor er verschwindet. Sophie muss noch eine Runde fahren, bis sie ihren Wagen parken kann.
Zu Fuß geht es dann in Richtung Innenstadt. An einer Ampel steht eine alte Dame, die sehr unsicher und orientierungslos wirkt. Keiner scheint Notiz von ihr zu nehmen. Ein Schüler spielt unbeirrt mit seinem Handy. Ein Mann blickt stur nach vorne, eine Frau schielt nervös auf ihre Uhr. Als die alte Dame bei Rot losgehen will, springt ein alter Mann an ihre Seite, berührt sie leicht und sagt: „Haben sie noch etwas Geduld. Es wird gleich Grün." Sophies Gewissen schlägt: „Warum hast du nicht reagiert?!"
Kurze Zeit später sitzt Sophie in der Bahnhofgaststätte und trinkt eine Tasse Kaffee. Ein Gast, der es wohl sehr eilig hat, isst seine Pommes mit den Fingern. Ein anderer schlürft sein Getränk und schmatzt genüsslich beim Kauen seiner Wurst. Wieder ein anderer gähnt alle Nase lang, ohne seine Hand vor den Mund zu halten.

Für Sophie sind das Anblicke, die sie nicht lustig findet. „Denken die Herrschaften nur an sich und keiner an mich?" Sie wird wie Luft behandelt, steht auf und begibt sich mit ihrer großen Tasche auf den Bahnsteig, um mit dem Zug in die nächste Stadt zu fahren.

Im Zugabteil geht es im Takt der Taktlosen weiter: Hemmungsloses Niesen. Und vor allem unüberhörbares Telefonieren. Sophie muss mit anhören, wie zwei Gesprächspartner sich offensichtlich über ein „dummes Würstchen" lustig machen und es „in die Pfanne hauen" wollen. Bei nächster Gelegenheit werde man ihn „vorführen".

Sophie ist nicht nur hübsch und charmant, sondern auch ein kritischer Geist. Sie denkt über ihre unfreiwilligen Eindrücke nach. Sie ärgert sich, dass sie bei der letzten Party in ihrer Wohnung, die lautstark gefeiert wurde, vergessen hatte, ihre Nachbarn zu informieren bzw. einzuladen.

Ihre Kinderstube hat sie geprägt. Sie versucht, stets höflich zu sein, den anderen in seiner Rolle und in seinem Status zu achten, zu grüßen oder „danke" und „bitte" zu sagen. Aber sie weiß auch, dass Höflichkeit kein Wert an sich ist, da man auch höflich taktlos – verletzend, beschämend - sein kann.

Sophies Motto lautet, Rücksicht zu nehmen– und das nicht nur, wenn es sich lohnt. Weil sie erlebt hat, dass man davon profitieren kann; dass der Takt so etwas ist wie eine Eintrittskarte zum Mitmenschen – ein Mitfühlen, Mitdenken, Mitgestalten, Mitverantworten.

Und wenn etwas aus dem Takt geraten ist, dann kann man neues Taktgefühl lernen – nicht nur in einer gestressten Zeit, sondern besonders in flüchtigen, oberflächlichen und ichbezogenen Zeiten.

Statt Ellenbogen sind dann Fingerspitzen gefragt. Statt Gedankenlosigkeit (Selbst-) Bewusstsein. Statt Eiseskälte Herzensbildung. Der Takt der Taktvollen.

Gruß

Glückssache?

Sind Türöffner unwichtig geworden? Wird Grüßen immer mehr zum Ladenhüter oder Luxusartikel der Kommunikation?

Eine alte Dame freut sich über den Sohn des Nachbarn: „So ein freundlicher junger Mann. Sobald er mich sieht, grüßt er mich." Ihr Gesicht hellt auf, ihre Augen strahlen und sie lächelt, als sie von dem 16jährigen spricht.

Ganz anders ein Lehrer, der sich über seinen Schüler empört. Grußlos war dieser an ihm vorübergegangen, als sie sich zufällig in der Stadt begegneten. „Das ist doch wohl meine Sache, wie ich mich nach der Schule verhalte", erläutert der Pennäler sein Verhalten und wundert sich über seinen „uncoolen" Lehrer.

Ist das Grüßen vielleicht auch Zeitverschwendung?
Ein scheinbar gestresster „weißer Kittel" tritt in das Patientenzimmer, ohne an die Tür zu klopfen und ohne zu grüßen. Er kommt gleich zur „Sache": „Wie geht es uns denn?" Der überraschte Patient legt in Windeseile seine Zeitung beiseite, antwortet jedoch überlegt: „Guten Tag Herr Doktor. Ich hoffe, dass es Ihnen gut geht."

Oder eine Richterin und zwei Schöffen treffen sich zum ersten Mal zur Vorbesprechung. Ohne Gruß und ohne sich vorzustellen, sprudelt die Richterin los: „Der Fall, den wir gleich verhandeln, ist eigentlich ganz klar…" Da unterbricht sie ein Schöffe: „Guten Morgen. Mein Name ist…Darf ich auch Ihren Namen erfahren?" Zunächst

verdutzt, dann folgt eine etwas giftige Reaktion „Haben sie nicht meinen Namen an der Tür gelesen?"
Wird das Nichtgrüßen salonfähig?

In einer Bäckerei stehen die Kunden Schlange. Ein weiterer Kunde kommt dazu und grüßt vernehmbar. Aber das Echo ist mager. Einer murmelt etwas in seinen Bart. Eine fremde Frau kneift irritiert und bissig die Augen zusammen, als wenn er ihr einen Heiratsantrag gemacht hätte. Wieder andere blicken unbeeindruckt auf ihre Smartphones. Nur einer schenkt ihm nach einer kurzen Pause ein „Moin", weil er wohl Mitleid mit ihm hatte.
Ist beim Grüßen alles erlaubt, sinnvoll und schön?

Auf einem Empfang gibt es einen bunten Strauß unterschiedlichster Grüße. Manche wirken mit ihren allzu stürmischen Umarmungen und vielen Küsschen übertrieben. Manche mit ihrer erkalteten Routine gedankenlos. Manche mit der nichtssagenden Frage „Wie geht`s?" plump und heuchlerisch. Manche mit den Grußformeln „Hallo, He oder Hi" inhaltlos und geistlos, die sogar eine Begegnung verhindern können. Und Nichtbeachtung gelingt natürlich noch besser, wenn eine Person absichtlich in eine andere Richtung blickt oder jemanden links liegen lässt. Oder einfach nicht zurückgrüßt.

Dennoch gehört zum guten Benehmen, das keine Glückssache, kein Karnevalskostüm, kein Himmelsgeschenk ist, das erlernbare Grüßen, in unserem Kulturkreis möglichst mit freundlichem Blickkontakt und kurzem, kräftigen Händedruck. Der Jüngere grüßt zuerst den Älteren, der Rangniedrigere den Ranghöheren.
Unabhängig von Moral und Recht ist Grüßen ein elementares Zeichen des Anstandes, ohne Gegenleistung, ohne

Bedingungen und ohne Gewalt einem Mitmenschen Respekt zu schenken.

Ein Flegel, der nicht (zurück-)grüßt, jemanden anmachen will oder andere herunterputzt, kann nicht zwischen „Inhalt" und „Form" unterscheiden. Ein Taktvoller jedoch, der die „Form" einhält, kann leichter „Format" zeigen, innerlich frei, souverän und stark sein, Rücksicht auf die Gefühle anderer nehmen sowie das Positive und Menschliche in den Vordergrund stellen.

Und dieses Grüßen als Türöffner für ein Gespräch kann auch zum Treibstoff werden, eigene Herzenskälte zu überwinden und sich auf eine neue Begegnung einzulassen.

Geburt

Spielmacher neuen Lebens

Eltern staunen.
Unser geliebtes Kind!

Einmalig und unverwechselbar.
Keine Spielpuppe vom Fließband.

Ein Geschenk des Himmels.
Kein Spielzug des Zufalls.

Unendlich und unbedingt gewürdigt.
Kein Spielzeug mit Spielregeln.

Immer selbstständiger und eigenverantwortlicher.
Kein Spielball fremder Spieler.

Eltern entdecken neuen Sinn.
Im Kind ihr gemeinsames Glück,
für ihr Kind ihre Verantwortung,
mit dem Kind den liebenden Schöpfer.

Auf dem Spielfeld des Lebens,
den Spielmacher neuen Lebens.

Geheimnis

Das Geheimnis der Liebe

Geheimnisse lüften?

Die Zwiebel gibt eine klare Antwort. „Selbstverständlich. Ohnehin bleibt nichts verborgen. Und das ist auch gut so." Hinter der Maske der Höflichkeit und Freundlichkeit die Fratze der Verlogenheit und Heuchelei zu entlarven. Und im Paradies der Menschlichkeit und Liebenswürdigkeit die Schlange mit ihren giftigen Bemerkungen und Boshaftigkeiten zu entdecken – das mache Sinn.
Doch die Zwiebel, die sich von einer Schale nach der anderen trennt, um selbst alles zu offenbaren, steht plötzlich vor dem Nichts. Ist jetzt alles aus, sinnlos? Oder ist ihr Ende der Anfang von etwas Neuem?

Die Nuss, die die Entblätterung der Zwiebel erlebt, beginnt zu weinen und sagt: „Bei mir gibt es eine glatte, aber auch harte Schale. Ich bin glatt, weil ich durch geschickte Anpassungen Glück erfahren habe. Ich bin zugleich hart, weil ich auch schmerzhafte Brüche und bittere Enttäuschungen durchleiden musste." Doch die Nuss denkt weiter: „Was befindet sich hinter meiner Schale?" Leere, Fülle? Flüssiges, Überflüssiges? Wertloses, Kostbares? Ungenießbares, Schmackhaftes? Sie erkennt, dass nicht die sichtbare Schale das Entscheidende in ihrem Leben ist, sondern das Innere hinter der Schale. Dass sich hinter einer harten Schale etwas Weiches befinden kann. Vor allem erlebt sie, dass eine Anstrengung von außen notwendig ist, um ihre Schale knacken zu können und dem Geheimnis, dem Kern ihres Lebens, auf die Spur zu kommen. Und das tröstet sie.

Darüber freut sich die Rose, die selbst durch ihre Farben und ihren Duft Freude bereitet. „Mein Geheimnis", so erläutert sie selbstbewusst, „kann keiner einfach analysieren. Aber in der Begegnung mit mir werde ich zu einem offenen Geheimnis."

Und als der Liebende der Geliebten eine Rose überreicht, verspüren beide mit allen ihren Sinnen keine geheime Unheimlichkeit, sondern wahre Liebe. Die frei ist, sich in das Geheimnis einzufühlen und sich auf das Geheimnis einzulassen, aber auch das Geheimnis ein Geheimnis sein zu lassen, damit Würde erblüht. Nicht immer ohne Geräusche, ohne Kraft, ohne Hoffnung, aber immer zugleich mit eigenem Kopf und leidenschaftlichem Herz. Und nie ohne Sinn.

Burkhard Budde
*freier Journalist, Autor und promovierter Theologe, lebt im Harz.
Er studierte Ev. Theologie, Publizistik und Philosophie an der
Universität Münster.*